플랫♭

플랫♭

반음 낮추면
1° 따뜻하다

한국YWCA 지음 | 인터뷰 이현정

시금치

길을 내고 넓히고 다지는 당신들을 기다립니다

정의를 사랑하고 평화를 갈망하며, 생명을 품어 보듬고 다시 일으켜 세우며 살아가는 세상의 수많은 여성들이 있습니다. 이 책은 지난 10년 동안 한국YWCA가 한국씨티은행과 함께 그러한 분들을 찾아낸 '한국 여성지도자상'의 주인공들 가운데 몇 분을 인터뷰한 책입니다.

　　90년 역사의 한국YWCA는 세계 곳곳에서 여성의 지위 향상을 위해 헌신하고 진취적으로 살아가는 한국의 여성 리더를 찾아내 알리고, 또 한국의 여성들을 위해 일생을 헌신한 고(故) 박에스더 선생의 뜻을 기리고자 2003년부터 '한국 여성지도자상'을 제정, 운영하고 있습니다.

지난 10년 동안 우리가 만난 여성 지도자들은 끊임없이 삶의 의미를 묻고 그 답을 찾아 실천하려는 특별한 '노력'이 탁월했던 분들이었습니다. 그러한 과정들이 그들을 지도자로 설 수 있게 했다는 것을 우리는 해마다 확인할 수 있었습니다.

　　세상의 통념과 장벽을 넘어 자신만의 길을 찾고, 그 길에서 많은 사람들이 함께 행복하게 걸을 수 있도록 길을 넓히고, 평평하게 길을 다져온 여성 지도자들 가운데 젊은 여성 지도자들의 이야기를 먼저 세상에 내놓습니다. 그들의 생생한 삶의 이야기가 같은 시대를 사는 청년들, 선후배들과 공감대를 형성하며 서로 용기와 희망을 불어넣어줄 수 있기를 기대합니다.

　　이 책이 나오기까지 헌신해주신 많은 분들께 깊이 감사드립니다. 무엇보다도 소명의식과 전문성을 키워 자신의 삶이 속한 공동체를 최선을 다해 살피며 보듬는 리더십을 보여주고 그 이야기를 들려주신 역대 수상자들께 감사드립니다. 또한 10년이 넘는 세월 동안 한국여성지도자상이 숨은 지도력을 발굴하여 한국 사회에 새로운 여성 리더십을 제시하는 역할로 신뢰받을 수 있게끔 애써주신 YWCA한국여성지도자상 운영위원회에 감사드립니다. 우리 사회의 변화를 이끌기 위해 여성의 리더십이 중요함을 인식하고 늘 이 사업에 함께 해주시는 한국씨티은행 하영구 은행장께도 특별한 감사의 마음을 전합니다.

한 분 한 분의 삶을 마음으로 만나 글을 써주신 이현정 작가와 시금치 출판사에도 깊은 감사를 드립니다.

이 책으로 많은 청년들이 따뜻하고 힘차게 오늘을 살며 내일을 꿈꾸기를 소망합니다.

2013년 11월

(사)한국YWCA연합회 회장 차경애

차례

"어찌 되었건 일단 의사는
아픈 사람을 봐야죠. 건강한데도
더 건강해지려고 노력하는 분들은
자기가 알아서 병원도 잘 찾아다니고
운동도 철저하게 잘 하시잖아요.
그런 환자보다는 그게 안 되는 사람을
봐줘야 하는 게 의사가 아닌가 하는 생각을
떨쳐버리기가 어려웠던 것 같아요."
최영아

의예과 2학년 때 교회 선배를 따라 청량리로
자원봉사를 하러 갔다. 시장의 진흙 바닥에 앉아서
빗물에 밥을 말아먹는 노숙인들의 모습을 보고
그들의 삶이 덜 고통스럽도록 돕고 싶다는 생각을
했다. '밥퍼운동'의 설거지를 돕는 것을 시작으로,
본과 때부터는 무료 진료 봉사를 매주 나갔다.
내과 전문의가 된 2001년부터 자선 의료기관인
다일천사병원, 요셉의원에서 노숙인들과 가난한
사람들을 돌보았다.

2009년부터 서울역 다시서기의원 원장으로
4년 정도 일했고, 2013년 7월 도티병원으로 옮겼다.
도티병원은 서울역 다시서기센터나 마더하우스
등과 협력해 그곳 환자들도 체계적으로 진료할 수
있는 곳이어서 그는 '날개'를 단 기분이다. 치료하던
의사가 더 큰 병원에서 계속 봐줄 수 있으니 노숙인
환자들에게도 더 나은 의료 시스템을 갖추게 된
셈이다.

크리스천 의료인, 예비 의료인들의 단체인
'한국누가회' 회원들과 함께 여성 노숙인들의 쉼터인
'마더하우스'에서 그곳에 온 미혼모들에게 엄마가
되어주려 애쓰고 있기도 하다.

서울역 다시서기의원 원장 최영아 선생님. 그와 인터뷰 약속을 잡기 위해 통화를 여러 번 시도했으나 잘 되지 않았다. 다시서기센터에 문의했더니 최근에 퇴직하셨다 한다. 혹시, 지쳐서 잠시 쉬기로 하신 게 아닐까?

프로필을 확인해보았다. 2001년부터 가난한 이들을 위해 의료봉사를 시작했으면 지금껏 몇 년이야. 그 세월 동안 가난한 사람들을 위해 가난한 월급봉투를 감수하며 살아왔으니 쉬고 싶을 때도 됐겠다 싶었다.

여러 날 뒤에 최영아 선생님이 노숙인, 이주노동자(외국인노동자) 등을 진료하는 도티병원으로 자리를 옮겼다는 사실을 알게 되었다. 한결같이 가난한 이웃을 위해 봉사하는 내과의사라…. 의사를 꿈꾸는 소녀들의 롤모델로 완벽한 모범답안이다. 남들이 안 하는 일을 선택하고 그 길을 묵묵히 가는 사람들에겐 뭔가 특별한 자신만의 이야기가 있고, 남다른 내공이 있으리라. 고난과 희생, 거기다 보람과 배움을 더하면 감동의 스토리 종합세트 되겠다. 그렇게 내심 반기면서 혼자 흐흐 웃었다.

도티병원은 서울 은평구 응암동의 좁고 가파른 골목길 끝 산중턱에 있었다. 퇴근시간 직전, 아프리카계로 보이는 키 큰 외국인이 내과 진료실로 들어갔다 나온 뒤에 곧 최영아 내과의를 만날 수 있었다.

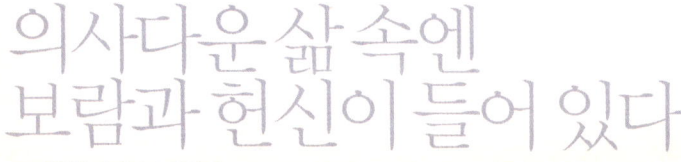

의사다운 삶 속엔
보람과 헌신이 들어 있다

도티병원 내과의사 최영아

의사는 병든 사람을 돌보는 사람이다.

가장 병이 많은 사람은 가난한 사람이다(덜 아픈 사람은 스스로 관리를 잘 한다).

가난한 사람을 돌보는 의사가 되어야겠다.

희생과 봉사?
의사의 길을
갈 뿐이다

"서울역 진료소를 그만두셨다 하길래 너무 고생스러워서 그만두셨나 생각했습니다."

"별로 고생 아니었어요. 사실 여기가 더 고생이에요. 그쪽은 입원 환자는 안 보고 낮 동안 해결해서 여기저기 보내면 끝나는데, 여기는 입원 환자를 돌보니까요."

"돈 많이 주는 병원 대신 가난한 사람들만 보는 병원으로만 가시는 이유는요?"

"여긴 그래도 돈 좀 주는데… 호호."

"…(헉)."

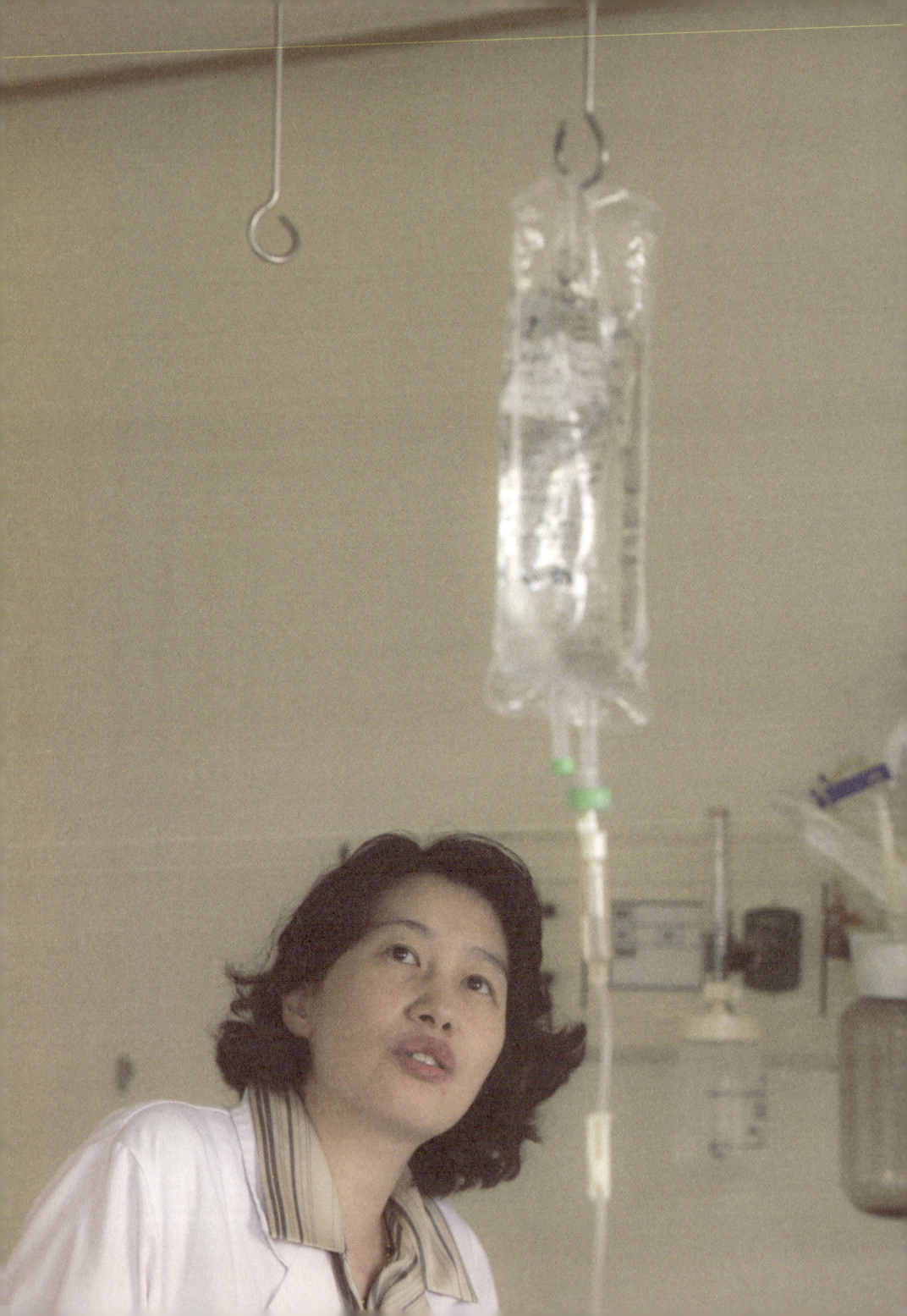

이거, 이거, 시작부터 미리 짜온 각본에 맞지 않는다. 흐트러짐 없는 옅은 미소, 고요하게 가라앉은 몸짓, 절제된 언어를 예상했는데 그런 인간형하고는 거리가 먼 것 같다. 온화한 인상이지만 말소리가 활기차고 시원시원하다. 평소에는 수다스럽지 않을까 생각될 정도로 말이 빠르다. 새로 일하게 된 도티병원이 어떤 곳인지 궁금했다.

"여긴 시설 환자들을 주로 봐요. 중증 장애인, 가족 없는 사람, 아무도 돌보지 않는 사람들을 돌보죠. 수녀님들이 운영하는 고아원과 학교도 함께 있는데, 아이들이 한 600~700명 살고 있어요. 아주 오래전부터 수녀님들이 하고 계세요. 이 병원은 그 아이들을 위한 병원이면서 '은평의 마을' 환자들이 문제가 생기면 입원하는 곳이기도 해요. 노숙인들이 돌아다니다가 머리부터 발끝까지 다 망가지고 나면 결국 중증 장애인이 되고, 더 이상 갈 데가 없으면 '은평의 마을'에 와요. 은평의 마을에 입소한 환자들이 1500명쯤 돼요. 여기 도티병원 입원해서 괜찮아지면 은평의 마을에 가서 살다가, 또 여기 입원했다가, 이렇게 하지요."

도티병원의 정확한 이름은 '마리아수녀회 도티기념병원'으로, 1982년 알로이시오 신부님이 후원자 도티 씨의 도움을 받아 설립한 자선병원이다. 서울역 다시서기진료소나 여기나 크게 다르지 않지만, 도티병원은 서울역보다 더 중한 환자들을 보는 곳이다.
'음, 역시 희생정신과 사명감으로 빛나는 그런 사람이 틀림없다. 이제 그 힘든 과정 속에서도 빛나는 보람 얘기를 들으면 스토리는 완성되

는 것이다.'

"혹시 재미가 있어서 계속 하시는 것 아닌가요?('재미라기보다는, 고
맙다고 눈물 글썽이던 환자들의 눈빛을 잊지 못하기 때문이라고나 할까,' 그런 애
기를 사실은 기대합니다만)"

"재미가 있으니까 하죠. 그리고 일단 그게 의사가 해야 될 일이란
생각이 들어서요."

앞부분의 맞장구는 환자에게 공감해주는 습관에서 나온 자동적인
반응 같다. 표현을 바꿔본다.

"인간적으로 성장하거나 배움을 얻는 경험 때문에 계속할 수 있는
건가요?('희생이니 헌신이니 하지만 사실은 제가 더 얻는 게 많죠,' 좀 흔하긴 하
지만 이런 무난한 이야기도 괜찮습니다만)"

"힘든 사람을 만나면 인간적으로 성장하죠. 성장이라는 느낌이 없
으면 계속 있기는 힘들었을 것 같고요, 제가 무슨 수도자도 아니고 고행
을 일부러 선택하는 스타일은 아니에요. 근데 '어찌 되었건 일단' 의사는
아픈 사람을 봐야죠. 건강한데도 더 건강해지려고 노력하는 분들은 자
기가 알아서 병원도 잘 찾아다니고 운동도 철저하게 잘 하시잖아요. 그
런 환자보다는 그게 안 되는 사람을 봐줘야 하는 게 의사가 아닌가 하는
생각을 떨쳐버리기가 어려웠던 것 같아요."

돈 많이 벌 수 있는 기회를 버리고 힘들지만 적게 버는 일을 하는 것

이 보통 사람들에게는 고행이 아닐까? ('그래도 돈 좀 준다'는 지금 이곳에서 주는 월급도 다른 병원에 비하면 퍽 적을 것이 분명한데, 이 '의사' 선생님은 그전까지 100만 원 안팎의 월급을 받고 또는 전혀 돈을 받지 않고 일했다고 전해진다)

이렇게 물으나 저렇게 물으나 답은 똑같다. '의사니까.' 어찌 되었건 '일단 의사는 아픈 사람을 보아야 한다.'

인터뷰를 하면서 그 이야기가 여러 번 반복되었는데도 한참 후에야 아, 이게 중요한 얘기구나 하고 알았다. 당연한 얘기라 여기고 흘려듣고 있었던 것이다. 그렇구나, 의사는 아픈 사람을 보는 사람이구나. 치열한 경쟁을 뚫은 다음 힘들게 공부하고, 고되고 긴 수련과정을 거치면 그 대가로 평생 많은 돈을 버는 사람, 그게 의사인 줄 알았는데.

가난해서 병든 사람이야말로 의사가 필요하다

1990년, 이화여대 의과대 예과 2학년 때 교회 선배를 따라 청량리로 자원봉사를 나갔다. 밥 퍼주는 목사로 후에 유명해진 최일도 목사님이 혼자 밥 짓고 설거지까지 하며 노숙인들에게 무료급식을 하고 계셨다. 본과생이 된 뒤로는 매주 무료 진료 봉사를 나갔다.

"청량리에서 봉사활동을 시작했던 1990년대, 그때는 의료보험 체납되고 아무것도 가진 것 없는 가난한 사람이 갈 수 있는 병원이 도티병원, 요셉병원 같은 무료병원 몇 군데 빼놓고는 없었어요. 길거리에 쓰러져서 구급차나 백차가 와서 죽게 된 사람을 시립병원에 던져놓고 갈 때에만 치료를 받을 수 있었지, 제 발로 병원 외래에 가서 미리미리 혈압 재고 혈압약 타는 건 상상을 못 했던 시절이었어요. 그 사람들이 병이 더 많은데… 병이 많은 사람은 전혀 진료를 받지 못하고 자기관리 잘 하고 아픈 데 없어 보이는 사람은 병원을 너무 열심히 다니는 것, 그건 아닌 것 같다는 생각을 많이 했어요."

2001년 내과 전문의를 따자마자 그는 다일천사병원 개원을 준비하며 무료병원 운영의 노하우를 익히기 위해 요셉병원에서 봉사를 했다. 요셉병원에서의 경험을 통해 그는 다일천사병원을 무료병원으로 세팅하는 것을 도맡아 했다. 그리고 일 년 후 다일천사병원을 운영하는 일에 뛰어들었다. 상근 의사는 혼자뿐이었고, 일주일에 한 번씩 봉사해줄 의료인들을 모집하는 일을 비롯해 이 병원을 처음부터 세팅하는 역할을 했다. 다일천사병원은 입원실까지 있는 큰 규모의 병원으로, 1994년부터 후원자 모집을 시작해 5700여 명이 후원하면서 8년 만에 문을 열었다.

"이 일을 처음 시작할 때는 이 사람들한테 베풀거나 주어야 한다는 강박관념으로 시작했을 수도 있어요. 그게 전부는 아니었지만요. 사실 저의 핵심 동기는 병이 궁금하다는 것이었어요. 그 사람들이 너무 병이 많은 것 같아서요. 그냥 순수한 의학적 호기심과 의사의 정체성에 대한 고민이 있었어요. 의사라면 질병이 많은 사람, 문제가 많은 사람, 어떤 이유로든 죽어가고 있는 사람을 먼저 봐야죠. 스스로 자해를 했든, 자기를 죽이고 싶어서 그렇게 했든, 주위 사람에게 당했든, 너무 가난하고 찌들어서 죽어가는 병에 걸렸든, 정신적인 문제든 육체적인 문제든, 가난해서 병든 사람을 먼저 돌보는 게 의사란 생각을 하고 있었어요."

정리하자면 이렇다.

의사는 병든 사람을 돌보는 사람이다.

가장 병이 많은 사람은 가난한 사람이다

(덜 아픈 사람은 스스로 관리를 잘 한다).

가난한 사람을 돌보는 의사가 되어야겠다.

"덜 아프고 자기관리 잘 하는 사람보다는 아프고 힘든 사람, 스스로 관리 못 하는 사람을 봐야 제가 의사로서 더 똑똑해지지 않을까, (진료하기) 힘든 사람을 볼 줄 알아야 '자기관리 잘 하는 사람들'을 보기도 좀 쉬워질 것 같다는 생각이 들었어요. 문제가 많고 병이 복합적이고 자기관리를 할 의지가 없는 환자들을 보는 것이 의사로서 훈련받는 기회가 되지 않겠어요?"

나는
내과의사

내과의사가 되겠다고 마음먹은 다음부터 제일 고민된 것도, 환자를 만나기 시작하면서 제일 괴로웠던 것도 "중한 환자들, 죽는 사람을 많이 봐야 한다는 것"이었다. 그런데 노숙인들은 제일 많이 아픈 사람들이었다. 그런 사람들을 진료하는 건 의사로서도 두렵고 괴로운 일이었다. 하지만 어차피 아픈 사람을 볼 수밖에 없다면 더 아픈 사람, 더 보기 괴로운 사람을 많이 봐서 단련되는 게 낫겠다 생각했다. 그래서 똑바로 보기 힘겨운 곳의 한가운데로 풍덩 뛰어들었다.

그런데 노숙인들 중에는 대화하기 힘든 정신 상태를 가진 사람들이 많았다. 무슨 병인지 알아내려면 이야기를 주고받아야 하는데, 의사소통 자체가 되지 않았다. 그는 답답한 나머지 '나를 훈련시키는 방법밖에 없겠다. 자꾸 의사소통을 하다보면 좀 쉬워지지 않을까' 생각했다.

　　사람이 노숙을 하다보면 제정신을 유지하기가 어려울 수밖에 없다고 그는 말한다. 그날 밤 당장 어디서 자야 할지 모르고, 어디서 밥 먹을지 모르고, 누가 해칠지도 모른다는 불안감을 가지고 몇 년을 살면 정신이 이상해져버리는 것이 당연하다. 교육도 많이 받고 좋은 학교를 나온 사람이 이혼하고 이런저런 문제로 한순간에 엉망이 되면서 정신 상태가 이상해져버린 경우도 봤다고 한다. 뇌 자체에 문제가 생긴 경우도 있고, 머리를 다쳤거나, 병이 생겼거나, 아주 어릴 때 버려진 뒤로 교육을 못 받아서 그럴 수도 있다.

　　그는 아주 자세하게 노숙인의 정신 상태에 대해 분류하고 설명했다. 의사다운 과학적이고 체계적인 설명을 들으며 어딘가 그 주제로 글을 쓰신 게 아닐까, 머릿속 서랍에 정리가 잘 되어 있구나, 이런 생각이 스쳐갔다. 그런데 노숙인들의 아픔과 상처를 이해하려고 애쓰는 과정에서 하나하나 정리되고 쌓여간 내용일지도 모르겠다는 생각이 뒤늦게 들었다.

의사소통이 어려운 노숙인들

　　노숙인들은 의사에게 행패를 부리거나 욕설을 퍼붓고, 기껏 살려놓으면 또다시 망가져서 오고, 다시 살려놓으면 또 망가져서 오기도 했다.

　　"병을 한두 가지만 가진 게 아니라 아주 복합적으로 가지고 있어요.

노숙인들은 병만 많은 게 아니라 성격이 나쁜 사람도 많아요. 병이 오래 되면 성격이 나빠지거든요. 병이 많으니까 성격이 드러워지는 거죠. 성격이 나빠서 의사소통이 안 되는 분들이 많아요."

노숙인들은 건강한 사람의 관점으로 보면 이해하기 어려운 사람들이다. "왜 저러나?" 하고 이해가 되지 않는 면이 많다. 그러다가 "아, 병이 많아서 그렇구나" 하고 깨닫고 그들을 이해하기까지 그들과 만나면서 힘든 시간을 오래 거쳐야 했을 것이다.

그는 여러 면에서 진료하기 힘든 노숙인 환자들을 의사로서 하드 트레이닝을 하는 셈 치고 힘든 환자부터 맞닥뜨려보았다. 운동장 한 바

퀴를 뛸 생각을 하니까 두려워서 모래주머니를 팔다리에 차고 열 바퀴 도는 것을 훈련 삼아 했다는 것과 같다. 그랬는데 나중에 보니 모래주머니를 차고 뛰어도 무거운 줄 모를 정도로 힘이 생겼고, 이제 모래주머니를 몇 개씩 더 늘려도 감당할 수 있게 되었다. 더 힘든 환자들이 있는 도티병원으로 옮긴 것이다.

도티병원을 찾는 노숙인 시설의 환자들 역시 "노숙을 하다하다 머리가 망가지고, 언제부터 말을 못 했는지 모를 만큼 의사소통이 잘 안 되는" 사람들이다. 중증 장애인에다 여러 문제를 가진 복합장애로 살아와서 의사소통이 더욱 어렵다. 그런데 이렇게 언어능력에 문제가 있는 사람들과 어떻게 소통을 할 수 있을까?

"아이, 모르죠 뭐. 말이 통하는지 안 통하는지 저도 잘 모르죠. 중증 장애로 노숙을 하다가 완전히 시설에 가신 분들은 더 말이 안 통해요. 그래도 옆에서 오래 지켜본 사람이 결국에는 가장 잘 알겠죠. 그런 감을 가지려면 시간이 필요한 거죠. 서로 어떤 상태인지, 아주 응급한 상태인지 아닌지는 알 수 있을 것 같아요. 그런 걸 훈련하려고 이쪽으로 온 거예요."

어느 정도 제도가 마련되어 서울역 노숙인들이 병원에 쉽게 갈 수 있게 된 점도 그가 이 병원에 오게 된 이유 중의 하나다. 2004년부터 서울시에서 제일 먼저 '노숙인증'이라는 게 생겼고, 2011년에는 전국에 있는 노숙인을 대상으로 보건복지부 차원에서 노숙인 의료급여가 만들어져 2012년부터 전면적으로 시행되었다. 전에는 길거리에 쓰러지기 전에는 노숙인이 병원에 갈 길이 없었는데, 이제 노숙인들이 공공병원에 갈 수 있게 되었다.

"서울역 다시서기의원에서 일할 때는 사회복지사 일에 가까운 활동을 한 거였죠. 내과의사로서 진료도 보지만, 환자를 다른 병원으로 보내고 의료급여를 만들어주기 위해서 진단서를 쓰는 그런 일을 많이 했어요. 정책 만드는 것에 의료 자문을 하고 서울시 정책 자문을 하는 것이나 노숙인 의료급여에 대해서 자문하는 것도 좋은 기회였지요. 그러면서 많이 배우기도 했고, 그와 연결되어 계속 활동하는 모임에도 참여하고 있어요. 하지만 그보다 더 중요한 건 내과의사라는 사실입니다. 의사는 환자 옆에 있는 게 본연의 업무잖아요. 의사로서 의사다운 일을 좀 더 해야 되겠다 싶었어요. 입원 환자를 돌보며 죽어가는 사람 옆에 있고, 중증 장애인들 옆에 있는 것…. 의사다운 일을 좀 더 해야겠다고 생각했죠."

집에 의사가 둘이나 있어서

그는 의사로서 다양한 사람들을 많이 만났다. 그중에서도 그의 삶에 큰 영향을 준 사람은 영등포의 '쪽방촌 슈바이처'라 불린 요셉의원 선우경식 원장이었다.

"선우경식 원장님은 신부님처럼 살았던 분이에요. 그분이 이런 얘기를 하셨어요. 저하고 남편이 처음 전문의를 따서 원장님을 만났을 때, '노동자 가족도 사는데, 너희 집엔 의사가 둘이나 있으니 한 명만 벌면 안 되겠냐고. 남편이 뭐 그냥 '예스' 했죠. 그분과의 약속도 있고 해서 그동안 남편이 저를 서포트한 것 같아요. 나중에 남편이 '아, 힘들다, 지겹다, 돈 좀 받을 수 있는 데로 가라'고 해서 여기(도티병원)로 온 거고요. 호호. 여기는 일반 병원이면서 청구도 하고 가난한 사람도 돌볼 수 있는 좀 폭넓은 데니까요. 제가 그동안 무슨 특별한 사명을 가지고 그렇게 한 건 아니에요."

요셉의원은 서울가톨릭사회복지회 부설 병원으로 노숙인, 출소자, 이주노동자 등을 진료하는 무료병원이다. 내과의사로서 출발할 때부터 그에겐 요셉의원과의 인연이 시작되었는데, 무료병원으로 개원될 다일천사병원을 위해 병원 일을 배우기 위해서였다. 이후 다일천사병원의 개원과 운영, 후원자와 의료봉사자 모집까지 단 한 명의 상근 의사로 일하다 다시 요셉의원으로 돌아와서 일했다. 그러던 중, 2008년 선우경식 원장님이 세상을 떠난 다음 날부터 의무원장이 되어 일했다.

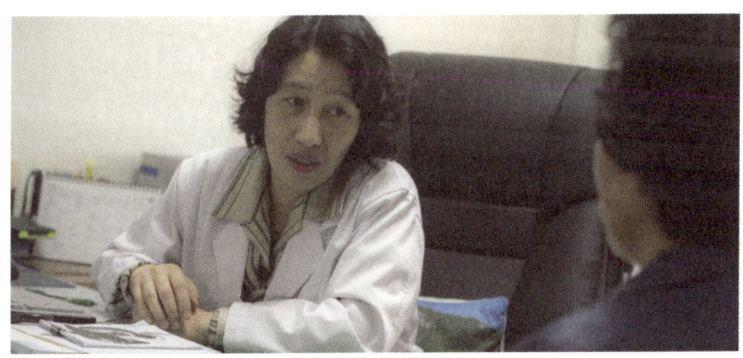

"처음 다일천사병원에서 일할 때 '새파랗게 젊은 여자 의사'라는 타이틀을 벗기가 어려웠어요. 젊으면 그냥 젊었지 파란 건 왜 들어가. 그냥 파란 것도 아니고 꼭 새파랗대. 하하. 다른 직장도 마찬가지겠지만 의료 사회에서도 '여자' 의사로 사는 게 그렇게 쉬운 건 아니거든요. 그렇다고 그 역할을 잘하기 위해서 엄마인 걸 포기할 수도 없고, 이런 여러 가지 고민을 많이 했어요."

어린 시절 그의 어머니는 새벽에 나가서 밤늦게까지 사업에 몰두하며 집안일에 얽매이지 않고 사셨다.

"너도 살림 할 생각 말고 너 하고 싶은 거 하면서 살아라."

어머니는 자주 이렇게 말씀하셨다. 그래서 살림이나 엄마 노릇은 별로 중요하게 여기지 않았다. 어린 시절에는 살림을 하거나 엄마 노릇을 하는 것을 밖에서 돈 버는 일보다 조금 열등하게 여긴 적도 있었다.

"예전에는 집안일도 해야 되고 바깥일도 해야 되고, 너무 괴롭고 짐스럽다고 생각했죠. 그래서 집안일을 안 하려고 하거나, 그걸 해야만 하는 게 너무 억울하다는 마음을 가졌던 것 같아요. 그런데 그때 다일천사병원을 준비하던 친구들과 한 집에 같이 살면서 아니, 그렇지 않다. 이건 귀한 일이다. 이렇게 생각하게 됐어요. 그건 어떻게 보면 다 우리한테 주어진 축복인데 말이에요. 엄마로 사는 것, 아내로 사는 것, 그리고 밥을 하고 살림을 하는 것이 아주 중요한 일이라는 걸 새롭게 깨달았어요."

노숙인을 치료하며 배운 '엄마'의 힘

다일천사병원 개원을 준비할 때, 그는 큰 규모의 병원을 어떻게 준비하고 운영해야 할지 엄두가 나지 않았다. 대여섯 살이 된 아들한테도 손이 많이 가고 어찌 해야 할지를 모르는 상태였다. 그래서 "엉겁결에 세 가족이 다 같이" 한 집에 살게 되었다. 다른 가족과 2년 정도 같이 살면서 다일천사병원 개원 준비를 함께 했는데, 그때 많은 것을 배웠다. 집을 관리하고 살림을 하는 것, 다른 가족들이 보여주는 생활의 노하우 등을 보며 '생활'에 대해 새로 배운 것이다.

"전문의 따고 나서 계속 봉사하는 일을 했잖아요. 남편이 허락을 해줘서 나는 돈을 안 벌고 오히려 남편 돈을 갖다 쓰며 살았죠. 남편은 내가 하는 일을 응원하고 도와줬어요. 괴롭힐 때도 있지만, 호호. 그래서 자유롭게 시간을 조정해서 일할 수 있었죠. 집안 살림도 하고, 애들 돌보고, 의사로서 일도 하는 이런 식으로 지난 12년을 보냈어요. 이제 애들이 좀 크고 알아서 학교 갈 수 있는 때가 되어서 지금은 온전히 풀타임으로 일해요. 이전에는 직장인처럼 묶여서 월급을 제대로 받고 일하는 게 아니어서, 자유롭게 파트타임으로 일하고 자원봉사도 하고 다양한 형태로 일했어요. 그렇게 해서 아이들은 계속 제가 돌볼 수 있었지요. 누가 잠깐 와서 도와주긴 하지만 전체적으로 집안 살림이랑 아이들 돌보는 건 제가 책임지고 했어요."

집안 살림과 육아를 책임지면서 파트타임으로 일하거나 근무시간을 조정할 수 있는 일과 봉사를 동시에 하는 것, 인생을 길게 내다보면 무척 지혜로운 선택 아닌가. 물론 말이 안 통하고 냄새도 나는 환자들을 봐야 하니 일 자체가 힘든 점은 있겠지만 말이다.

　여성이 자녀 양육에 일차적인 책임이 있고 여성에게는 어머니 역할이 가장 중요하다는 오래된 생각. 이것은 여성의 사회적 진출에 방해가 됐다. 그래서 "애 키우는 일 말고도 남자보다 잘할 수 있는 거 많거든!" 하며 여성들은 이를 증명하려고 노력하기도 한다. 그런 노력을 하는 동시에, 여성의 일이라고 여겨지는 일들의 가치를 올바로 평가받게 하는 것도 필요하다. 애 키우는 일이 제일 중요하고 보람된 일이라고 여겨진

다면, 남자들도 어느 날 말하게 되지 않을까. "나도 돈 적게 벌고 애 키우는 일 할래" 하고.

'여자가 남자와 다를 게 뭐냐! 여자라고 못할 것 없다!'
'여자가 더 훌륭한 점이 많지. 그런 미덕을 발휘해서 세상을 아름답게 만들어보세!'

각각 남녀의 같음과 다름을 강조하는 이 두 가지 주장은 서로 논쟁하기도 하고 보완하기도 하면서 여성이 더 인간답게, 세상을 더 살기 좋게 만드는 데 기여해왔다. 그리고 세상을 아름답게 만드는 여성만의 미덕을 이야기할 때 그 근거로 자주 들먹여지는 것 중 하나가 모성이다. 어머니가 되어본 경험은 다른 사람을 보살피고 배려하는 품성을 가지게 만든다는 것이다.

뒤늦게 살림을 배우고 아이를 키우면서 깨달은 것도 있지만, 엄마가 얼마나 중요한지를 그에게 절실히 가르쳐준 것은 노숙인들이었다.

"내가 만날 노숙인들 한탄을 들었을 거 아녜요. 12년 동안 노숙인들의 성토대회를 본 셈인데, 이 사람들이 허구한 날 하루 종일 하는 얘기가 '내 인생 이렇게 된 건 다 엄마 때문이야'였어요. 여기가 아프고 저기가 아파서 왔는데, 하면서 얘기를 하다보면 자기 얘기를 하게 되잖아요. 그 얘기를 잘 듣다보면 결론은 다 엄마 때문이야. 내 인생, 이 지경이 된 건 날 버린 엄마 때문이야. 아내 때문이야. 계속 그런 얘길 듣고 있으려니까 정말 미치겠더라고요. 아, 도대체 왜 '아빠 때문이야'라는 사람은 한 사람도 없는 거야. 모든 노숙인들이 여성에 대한 분노를 잔뜩 갖고 와서는 그런 얘기를 계속 하시니까 많은 생각을 하게 됐어요. 평생의 한, 평생의 원망이 엄마나 부인을 향한 것이더라고요. 아휴."

엄마가
되어주자

그는 노숙인을 만나면서 특히 여성들에 대한 원망이 가득한 남성 노숙인들의 얘기가 마음에 남았다.

"여성들이 어머니로, 딸이나 아내로, 어떤 면에서 고통스럽기도 하고 학대를 당하기도 하고, 되게 힘들게 살고 있잖아요. 그 역할이 쉬운 역할은 아니라고 생각해요. 그런데 엉망진창이 된 아저씨들을 보면 '누군가 그렇게 되어주는 한 사람이 필요했구나'라는 생각이 많이 들었어요. 그 사람들의 어떤 결핍이 이 땅의 너무 많은 사람들을 미치게 만드는 구나. 정말 아무도 대신해줄 수 없는 역할은 엄마의 역할 같은 게 아닐까. 이런 생각을 많이 하게 된 거죠."

그런 노숙인들에게 '엄마가 되어주자, 엄마 노릇을 좀 해보자'라고 만든 것이 '마더하우스'다. 마더하우스는 서울시 자활지원과에서 지원하고 만들어준 비영리 민간단체로, "집 나와서 갈 데 없는 여자들을 데리고 자는 집 같은 것"이다. 그는 한국누가회 회원들 몇몇과 함께 마더하우스를 2년 반 동안 운영했다. 다시서기센터는 주로 남자 노숙인만 돌보는 곳이어서 여성 노숙인들을 비롯해 소외계층 여성들이 이용할 수 있는 쉼터도 꼭 필요했다. 처음에 같이 만든 핵심 멤버가 대여섯 있고 현재 회비를 내는 회원이 150명, 풀타임으로 일하는 사람 서너 명, 자원봉사자들이 여러 명 있다.

"마더하우스는 그 이름처럼 엄마 노릇을 하자, 나부터 엄마가 되자는 취지에서 시작했어요. 집에 있는 내 새끼부터 시작해서 엄마다운 엄마가 돼보자. 많은 사람의 엄마가 되긴 어렵지만 몇몇 사람에게만이라도 엄마 노릇을 하자. 이렇게 시작했죠."

같은 정신을 가지고 모든 걸 나누는 친구들과 오래 함께 살고픈 마음을 가지고 있었는데, 그런 사람들이 모여서 마더하우스 일을 하게 됐다고 한다. 그렇게 살고 싶어서 하는 일이지, 특별히 어떤 목적이나 사명감을 가지고 한 것은 아니라고 그는 또 강조한다.

여성이 행복하게 살아가려면

그는 젊은 여성들에게 이렇게 조언한다.

"남녀 차별이라고 규정지을 수 있는 수많은 사회구조적인 부분들에 대해 너무 민감하게 반응하면서 아이를 키우는 것에 대해 한 맺혀 할 필요가 없다고 저는 생각해요. 그것도 잠깐일 것 같아요. 아이를 위해서 내가 직장을 포기하거나 돈을 못 버는 시간이 누구에게나 있을 수 있을 테고, 그 시간이 그렇게 길지 않을 것 같아요. 전체 인생을 두고 볼 때, 그것 때문에 자기가 발전하지 못할 거라는 공포, 다시는 내게 새로운 기회가 주어지지 않을 거라는 그런 공포를 쓸데없이 가질 필요는 없을 것 같아요. 살림이나 아이를 키우는 것을 통해서 배울 수 있는 건 무궁무진하니까요."

물론 그에게 집안일과 육아가 중요하고 귀한 일이라는 깨우침이 있었다 해도, 늘 기쁘기만 한 건 아니었다.

"집안 살림과 아이들 돌보는 일까지 다 하려면 좀 피곤하죠. 날마다 아이들은 내일 아침 반찬이 뭐냐고 물어보고. 그러면 또 고민을 하죠. 도대체 내일 아침 반찬은 뭘 만들어야 될까. 애들 돌보는 것도 피곤하고 살림하는 것도 피곤하고, 밥하는 것도 짜증나고, 사실 다 힘들지만 자꾸 생각을 바꾸려고 해요. 열심히 하면 나한테 플러스가 되지 않을까. 의사 노릇 하는 것도, 힘든 환자들을 보면서 나에게 플러스가 됐던 것처럼. 괴로울 때는 '일단 이것도 훈련'이라고 생각해요."

힘든 상황이 오면 하드 트레이닝의 기회로 여긴다. 자신이 선택한

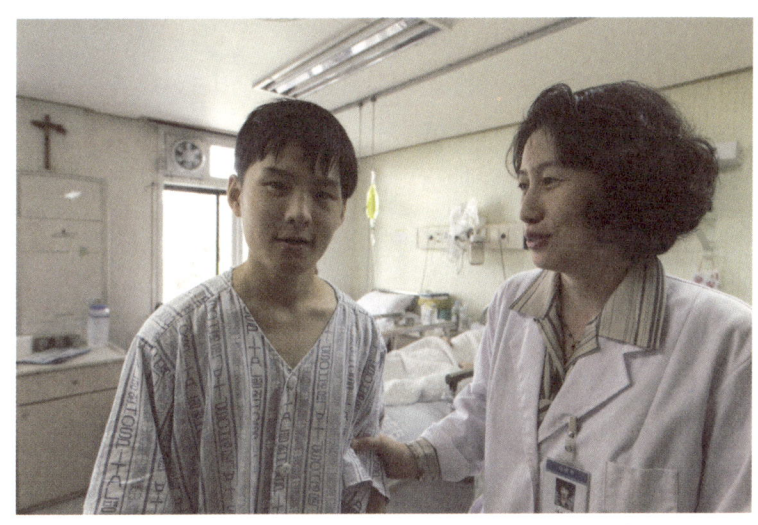

것이라면, 힘든 일이 생겼다고 해서 괴로워하고 싫어하기보다 생각을
바꾸어서 힘든 것도 소중한 일로 여긴다.

"누가 죽었다, 누가 아프다, 누가 힘들다, 그게 낮이건 밤이건 항상
존재했거든요. 근데 그것 때문에 내가 너무 괴로워하고 힘들어하고 짜
증을 내기 시작하면 내 인생 자체가 너무 불행할 것 같아요. 이 일을 하
고 있는 한…. 그래서 처음엔 좀 힘들었지만, 그럴 때마다 생각을 바꾸기
로 마음을 먹어요. 이게 내가 선택한 삶이고, 그렇다면 다른 관점으로 바
라봐야겠다고 마음을 먹죠."

그렇다고 뭐든 완벽하게 하려고 조바심 내지는 않는다. 차별의 사
회구조가 억울해도 그 속에서 행복하게 살 길을 찾아낸다. 하지만 부당

하게 많은 부담이 있을 때는 대충 하고 넘어가기도 한다.

"세상이 여성에게 요구하는 역할이 너무 많잖아요. 너무 많은 게 요구되니까 모든 걸 다 할 수가 없어서 사실은 다 엉터리로 하는 거지 뭐, 대충. 그냥 우선순위를 정해서 할 수 있는 데까지 하고, 못하는 건 못한 채로 두고. 자기를 좀 용서하면서 못하겠는 건 '못하겠다' 이렇게 넘어가요."

"노숙인들의 거친 성격은 오래 앓아서 그런 것"

인터뷰 중에 가장 많이 나온 단어는 '일단', 그리고 '그냥'인 것 같다. 일단 의사가 되기로 마음먹었으니 제일 많이 아픈 사람을 보는 게 당연하고, 그게 힘들어 보이면 더 힘든 일을 훈련 삼아 그냥 해버린다. 일단 내가 선택한 것이라면 괴로워하고 싫어하기보다 생각을 바꾸어서 소중한 일로 여긴다.

그러니 '일단'에서 잘 결정하는 것이 중요하다. 출발할 때 방향을 잘 잡아야 하는 것이다. 잘못된 방향으로 가면 열심히 할수록 목표에서 멀어지니까. 그 방향은 남들이 우르르 몰려가는 방향이 아니고, 자기 스스로 오래 고민해서 확정해야 한다.

최영아 씨의 짧고 명료한 문장들은 깊고 오랜 고민 끝에 나온 것 같다. 고민은 길었지만 결론은 무척 간명하다. 문장이 단순하고, 단어도 아주 쉬운 말이어서 오랜 고민의 결론이 아니라 지나가는 흔한 말처럼 들릴 정도다. 예를 들면 "의사는 아픈 사람을 보는 사람"이다, "노숙인들 성격이 나쁜 것은 아파서 그렇"다.

이런 표현은 권위 있는 사람이나 책에서 보고 들은 말이 아니라 자기 자신의 머릿속에서 골라낸 언어이고, 스스로 내린 결론이다. 그렇게 어디에도 기대지 않고 스스로 찾아낸 원칙이기 때문에 일단, 원칙으로 자리 잡으면 흔들리지 않고 지켜나갈 수 있었던 모양이다. 누굴 돕겠다고 착한 의도로 시작한 일이 아니라고 계속 강조하지만, 뭔가를 생략하고 얘길 안 하는 게 아닐까 하는 의심이 가시지 않는다.

'노숙인들에게 이렇게 병이 많은 걸 보니, 의학적 호기심이 발동하는걸. 심각한 환자를 보는 훈련으로 삼기에 딱이겠어.'

단지 이런 동기로 그렇게 오랫동안 노숙인들을 진료하는 일을 할 수 있었을까. 오래 힘들게 봉사하는 과정에서 깨지고 또 깨지면서 깨달음을 얻으신 건가. 베풀었으나 베풀었다는 생각조차 없는, 나와 남이 다르지 않기 때문에 남을 도와도 도왔다는 생각조차 들지 않는 성인의 경지…? 그런 성숙의 계기들도 많았으리라 짐작된다.

"이 환자들을 보면서 우리가 저분들을 돕고 있다는 생각을 할 때가 많거든요. 도와주고 있는 자기는 의인이고 저 사람들은 죄인인 것 같은 자세로 '넌 나 없이는 도움을 못 받을 테니까 나한테 잘 보여'라는 식으로 뭔가 권력을 가진 입장으로 대할 때가 사실은 많아요. 근데 그런 태도를 무참하게 고발해주시는 환자들이 많이 계시죠. 그런 인간의 속성이 얼마나 잘못된 건지를 잘 고발해주는 멋있는 분들이에요."

내과의사답기 위해 선택한 길

인터뷰 말미에 다시 한 번 '나 착한 사람 아니야' 하고 강조하시니 이
제 그냥 그 말을 믿어보기로 한다.

"제 개인적인 욕심은 내과의사로서 어떻게 하면 내과의사답게 될
까, 그거예요. 사실 내과의사에게는 환자가 제일 큰 괴로움이거든요. 죽
어가는 환자들의 고통과 죽음의 공포, 그 사람들의 감정적인 괴로움, 그
걸 옆에서 듣는 게 괴로운 거예요. 그런데 내가 보는 환자가 계속 그런
환자인데, 그걸 싫어하면 내 직업 자체가 너무 끔찍해질 것 같다는 생각
이 들었어요. 어차피 의사를 할 거면 좀 쉽게, 즐겁게 할 수 있는 방법이
없을까. 그런 고민을 하다보니까… 그런 환자를 자꾸 만나면 좀 나아질
까, 좀 힘든 사람을 만나면 내가 편해질까, 그런 고민으로 시작된 일이었
어요. 특별히 돈을 싫어해서 안 벌겠다고 작정해서 한 게 아니고."

짜릿하지도 뭉클하지도 않은 '나, 착하지 않아'라는 이야기를 그대
로 믿으니 오히려 마음이 가볍고 유쾌해졌다. 의사로서 잘 살려면 어떻
게 살아야 하나 철저하게 고민했을 뿐인데, 그 결과 두려울 것 없는 훌륭
한 의사가 되었고 가장 가난한 사람들을 돕게 되었다. 자기 일을 제대로
했을 뿐인데, 자기에게도 이롭고 더 넓은 세상에도 이로움을 주는 결과
를 가져온 것이다.

의사 같은 직업이 아니어도 그건 마찬가지 아닐까. 평생을 다 바치
겠다고 결심하거나, 개인적인 삶을 희생하면서 눈물 콧물 빼가며 고통과

상처를 안고 견디는 외곬수의 길을 가지 않아도 큰일을 해낼 수 있다. 누가 봐도 대단한 결심을 하며 의미 있는 삶을 살겠다고 용을 쓰지 않아도 자기 자리에서 가치 있는 인생, 사회에 도움이 되는 인생을 만들어갈 수 있다. 물론 '일단' 방향을 올바로 잡았을 경우라면 말이다. 그 다음에는 무거울 정도로 너무 착해지기보다 '그냥' 가볍게 성실하게 사는 것이 더 오래 착하게 살 수 있는, 또 행복하게 살 수 있는 비결인지도 모르겠다.

"집이 서울역 부근이어서, 아저씨들이 쫙 깔려 있으면 집에 가면서 아는 사람을 많이 만나요. 아저씨가 길에서 아는 척하면 인사는 하지만, 내가 뭘 해줄 수는 없잖아요. 내가 할 수 있는 것과 할 수 없는 일의 경계를 그어야죠. 내가 지금 집에 가서 밥을 해야 되는데, 애들한테 가야 되는데, 내가 이 아저씨들을 돌본답시고 여기 죽치고 앉아 있을 수는 없는 거 아니에요. 자기 자식을 돌보는 게 우선인 것 같아요. 내일 진료소로 오세요, 이러면 되지, 뭐."

그는 "집에 가서 애들 봐야 되는 시간이에요"라며 짧은 인터뷰 시간을 아쉬워하는 우리를 뒤로하고 더 우선시하는 일을 하러 떠났다. 그런 그의 발걸음이 단호하고 가벼웠다. 저런 가벼움은 원래 무게가 없어서 처음부터 물 위에 둥둥 뜨는 가벼움이 아니라 아주 깊이 가라앉은 뒤에 자기를 둘러싼 군더더기를 하나씩 떼어버림으로써 수면 위로 스르륵 떠오르게 되는 그런 가벼움이 아닐까, 언덕을 내려오면서 그런 생각이 들었다. ⓑ

"금메달 땄을 때도
그렇게 환영을 받아본 적이 없었어요.
그때 무슨 생각을 했냐 하면,
이기는 것만 인정받는 것이 아니라
감동을 주는 것이 중요하구나.
스포츠에도 감동이 있다는 걸
보여줘야 하는구나."
임오경

초등학교 4학년 때 핸드볼을 시작해 정읍여고 2학년
때 국가대표가 되었다. 2004년 서른네 살의 임오경은
한국 여자핸드볼 대표팀 주장이자 맏언니로 세 번째
올림픽 무대에 섰다. 아테네 올림픽 여자핸드볼
결승전은 AP통신에 의해 '아테네 올림픽 10대 명승부'
가운데 하나로 선정될 만큼 멋진 경기였다. 은메달에
그쳤지만 노장 선수들의 투혼이 큰 감동을 안겨주었다.
그 이야기가 영화 〈우리 생애 최고의 순간〉으로
만들어지기도 했다.

대학 졸업 직후에 그는 일본 히로시마에서 활동했다.
2년 만에 감독 자리를 제안받아 스물다섯 살에 선수
겸 감독이 되었다. 처음에는 힘들고 외로워서 "옥상에
가서 맨날 울었"다. 그러나 2부 리그에 있던 신생 팀을
3년 만에 1부 리그 우승으로 이끌면서 결국 8년 연속
우승이라는 기록을 세웠고, 히로시마 시민상까지
받았다.

2008년 서울시청 여자핸드볼 팀의 감독 제의를
받으면서 일본 생활을 정리하고 한국으로 들어왔다.
그 후 지금까지 핸드볼 실업팀 최초의 여성 감독으로
서울시청 여자핸드볼 팀을 이끌고 있으며, 스포츠
지도자에 관한 박사 논문도 준비 중이다.

지난 6월, 인터넷 포털 사이트 검색어 1위로 외국에서 활동하는 남자 축구선수와 유명한 여배우의 이름이 나란히 오른 적이 있었다. 화제의 주인공들은 결혼식을 올린 뒤에 여배우가 남편을 따라 외국으로 가서 살림을 차린다고 했다. 만약 여성 스포츠 스타가 외국에서 활동하는 경우라면, 이야기가 어떻게 달라질까?

그날은 핸드볼의 여제이자 영화 〈우리 생애 최고의 순간〉(우생순)의 실제 주인공인 임오경 감독을 만나는 날이기도 했다.

서울 올림픽공원 안에 있는 SK핸드볼 전용 경기장에선 마침 임오경 감독의 서울시청 여자핸드볼 팀이 훈련 중이었다. 빠릿빠릿한 운동화들이 경기장을 뛰며 움직였다. 공이 팡팡 부딪치는 소리, 힘 넘치는 여자 선수들 목소리가 짧고 크게 울리는 체육관의 구석방에서 임오경 감독을 만났다. 임 감독은 한 우물만 파온 열정의 역사와 깊은 우물 같은 고통의 경험을 거르지 않고 나누어주었다.

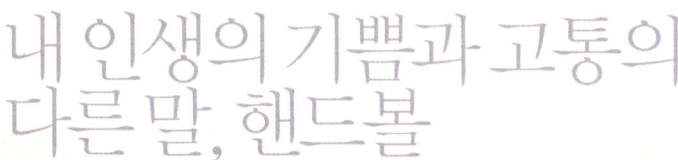

내 인생의 기쁨과 고통의 다른 말, 핸드볼

서울시청 여자핸드볼 팀 감독 임오경

경기에서 짜릿한 승리를 하고, 올림픽 무대에서 메달을 목에 거는 그 순간이 생애 최고의 순간이라면, 임 감독에게 가장 힘들었던 때는 언제였을까? 다짜고짜 생애 최고로 힘든 순간이 언제였냐고 물었다. 죽을 고비를 넘겼을 때가 가장 힘들었지만, 엄청난 강도의 지옥훈련도 빼놓을 수 없단다.

지옥훈련, 그보다 힘든 시간 뒤에 찾은 행복한 인생의 맛

　　새벽 6시에 시작되는 400미터 트랙 20바퀴 뛰기, 계단 뛰어오르기, 아침 식사 후 70킬로그램짜리 봉 들어올리기 등 웨이트 트레이닝을 하고, 오후 3시부터는 연습 게임이 시작되었다. 거기다 지옥훈련의 최고봉인 '불암산 산악 훈련'을 일주일에 한 번씩 했고, 119 구급차도 여러 번 출동했다. 지옥훈련을 하던 그 시절은 "밤에 눈을 감는 게 두렵고 아침이 오는 게 두려울" 정도였다. 지금도 강연에 가서 누가 태릉선수촌에서 있었던 일을 얘기해달라고 하면 그때 생각에 눈물이 먼저 날 때가 있다.

　　그런 지옥훈련을 견뎌내고 1992년 바르셀로나 올림픽에서 금메달을 땄다. 1995년 세계선수권대회에서는 대한민국 구기 종목 사상 최초로 여자핸드볼이 금메달을 획득하고 최우수선수(MVP)로 선정되는 영광

도 안았다. 샴페인을 터뜨리고, 세상을 다 가진 것처럼 좋았다. 그때 '지옥훈련이 결국 나를 행복하게 만들어주는구나'라고 생각했단다. 그래서 그 뒤로도 그 무서운 지옥훈련을 또 하게 되고, 또 하게 되었다.

아이 낳고 다음날 윗몸일으키기

지옥훈련은 힘들기도 하고 기쁨을 주기도 했다. 지옥훈련보다 더 힘들었던 시기는 아이를 낳은 직후였다. 그때가 시드니 올림픽이 열린 2000년이었다. 임신은 시드니 이후로 계획하고 있었는데, 올림픽 개막 석 달 전에 임신 사실을 알게 됐다. 눈물을 머금고, 아니 엉엉 울면서 올림픽 출전을 포기했다. 임오경이 빠진 한국 여자핸드볼 팀은 그해 올림픽에서 메달을 따지 못하고 4위에 머물렀다.

태릉선수촌에서 한눈에 반했다고 다가온 남자와 결혼한 것은 1998년. 남편도 일본에서 코치로 활동했는데, 서로 활동하는 지역이 멀어서 월말부부로 지냈다. 임신으로 올림픽 출전은 포기했지만, 임 감독은 일본에 돌아와서 임신 6개월 때까지 코트에서 뛰었다. 출산 직후에도 산후조리를 할 겨를 없이 바로 코트에서 뛰었다.

본래 분만예정일이 큰 대회 시기와 맞물려 있어서 그는 예정일을 몇 주나 앞두고 입원했다. 앞당겨 아이를 낳고 일주일 쉰 다음, 곧바로 감독으로 복귀하려는 계획이었다. 사흘간 입원해서 촉진제를 맞고 끙끙 산통을 했는데도 아이가 나오지 않았다. 할 수 없이 다시 코트로 돌아가서 선수들을 훈련시켰다. 그리고 결승전에서 동점에서 종료 직전 한 골을 넣고 아슬아슬하게 우승을 거머쥐었다. 만삭의 몸으로 피 말리는 결승전을 치렀으니 그의 표현대로 "죽다 살아났다."

그런데 긴장이 풀린 탓인지 결승전 이틀 후에 양수가 터졌다. 친정 어머니가 출산을 도우려고 일찌감치 와 계셨는데, 하필이면 그날이 15일짜리 비자가 만료되는 날이었다. 친구한테 엄마를 공항까지 부탁한다, 하고 서둘러 짐을 챙겨서 혼자 병원으로 갔다. 출산 바로 다음날부터 병원에서 윗몸일으키기를 시작했고, 2주 뒤부터는 체육관에서 뛰기 시작했다. 그리고 한 달쯤 지나 2001년 1월 말에 코트에 복귀해 선수로 뛰었다.

"스포츠는 몸으로 해야 되는 일이어서 운동하는 여자한테 임신이란 있을 수 없는 거구나, 그래서 선배들이 다 결혼하고 바로 은퇴를 했구나, 이런 생각이 들었어요. 전 그때 가장 많이 후회했어요. 아이를 봐주는 사람도 없고…. 아이를 데리고 다니면서 운동 시작하고 몸 만드는 게 정말 힘들었어요."

아기를 맡길 곳이 없어 갓난아기를 안고 코트에 나갔다. 그런 그를 보고 선수들이 지퍼 달린 아기 바구니를 선물해주었다. 아기 바구니를 코트에 내려놓고 운동을 했다. 그렇게 고군분투하며 아이를 키웠어도, 운동선수가 아니었다면 아이를 더 많이 낳았을 것이라 한다. 임신했을 때, 아기를 혼자 키울 때는 여자라서 그런 일을 다 떠맡아야 하는 것이 억울했지만 이제는 생각이 바뀌었다.

"임신했을 땐 다시 태어나면 남자로 태어나면 좋겠다 했는데, 이제는 여자로 사는 것의 매력을 알게 됐어요."

그래서 다시 태어나도 그는 여자로 태어나고 싶단다.

축구 선수 데이비드 베컴은 아이가 넷이던가. 힘들이지 않고 아이 넷의 아빠가 되고 운동에만 전념하는 것, 아니면 고생스럽게 한 아이를 낳고 엄마와 스포츠우먼 두 가지 이상의 역할을 해내는 것. 어느 쪽을 택하고 싶은지는 사람마다 다를 테고 사실상 택할 수도 없는 노릇이다. 하지만 당시 올림픽 금메달과 바꾼 금쪽 같은 귀한 딸과 함께 엄마로 사는 것, 여자로 사는 것이 그는 더 행복하다 한다.

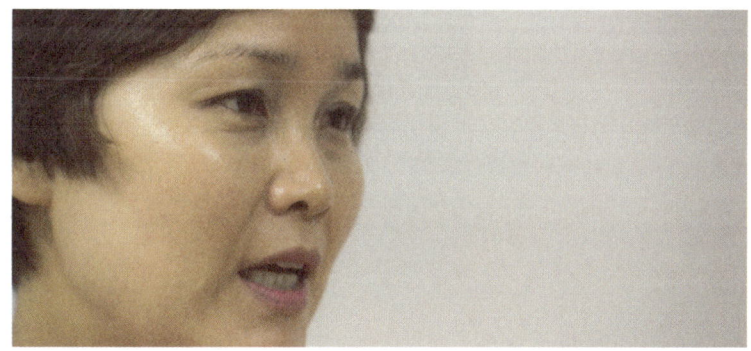

출산과 육아를 모두 혼자 씩씩하게 해냈지만, 역시 인간의 몸이었던 게다. 삼 년이 지나서 몸이 갑자기 약해지고 우울증도 나타났다. 하반신 마비가 와서 다리하나 마음대로 들어 올리지 못했다. 이러다가 죽을지도 모르겠다는 생각까지들었다.

살아 있다면,
핸드볼

　면역력이 떨어져서 열이 펄펄 나기 일쑤였고 감기도 자주 걸렸다. 아기를 안고 병원에 가서 한쪽에 아기를 눕혀놓고 링거를 맞기도 했다. 아이를 낳으면 뭐든 다 해주겠다던 남편은 너무 멀리 살았고, 두세 달에 한 번 집에 다녀가기만 했다.

　나이 어린 감독이 선수들한테 부탁을 하는 것도 쉽지 않았다. 같은 선수끼리면 도움을 받기도 쉬웠을 텐데, 감독이 선수들을 부려먹는 것처럼 보이는 것이 싫었다. 또 일본 문화는 친구 집에 아무 때나 놀러 가거나 하며 허물없이 지내는 것이 아니어서 터놓고 얘기할 사람도 없었다. 애국심이 강해서인지 "일본 사람한테 한국인의 약점을 내보이는 행동을 보이기 싫어서" 일본 선수들에게 기댈 수도 없었다. 그는 옛날에 태어났으면 유관순 언니 같은 사람이나 장군 정도는 되었을 것 같다고 스스로 말한다. 장군이 되었어도 칼을 잘 휘둘렀을 것 같은 그는 사실 겁이 많다. 천둥 번개 치면 커튼을 꼭꼭 닫고 이어폰을 꽂고 잤다. 단체생활만 하고 살다가 외국에서 혼자 생활하는 것도 여러 가지로 힘들었다. 그 시간이 쌓이면서 우울증이 왔다.

"이렇게 살면 뭐 하겠나 하는 생각이 들었는데, 우울증이란 걸 그 땐 몰랐어요. 집이 2층이었는데 떨어져도 죽질 않겠더라고요. 그래서 약 먹었죠. 그래도 그 정신에 아이 먹을 것은 냉장고에 다 사다 넣어놓고…."

휴우, 수면제를? 임신과 출산이 내 앞길을 막진 못해, 하면서 경기 끝내고 혼자 아이 낳으러 가고 또 아이를 낳자마자 바로 운동을 시작했다는 얘기에, 속으로 '와, 멋있다, 짝짝짝!' 했었던 것이 미안해진다.

"근데 아이 땜에 살아나더라고요. 다섯 살짜리가 내가 안 일어나니까 물 달라고 깨운 거예요."

어느 순간 정신이 딱 들고 보니 늘 일정하던 몸무게도 7~10킬로그램 빠져 있고 몰골이 말이 아니었다. 생각해보니 자신을 위해 돈을 쓴 적도 없고, 자기 것을 챙기거나 스스로에게 투자하는 것을 전혀 못 하고 살았다. '이제 일 년에 한 번은 나를 위해 선물을 하자, 나를 위해 살아야겠다'고 다짐했다. 가족과 친구들이 자신의 집에 놀러 오게 하고, 스스로 한국에 자주 나가기도 했다. 마음이 이상해지는 것 같으면 재빨리 한국으로 나가서 사람들을 만나 함께 돌아다니거나, 못 마시는 술도 마셔가면서 마음을 서서히 단련시켜갔다.

성장판에 새겨진 기쁨과 고통

그렇게 힘들었을 때 핸드볼을 그만둘 생각은 하지 않았을까?

"체육관에 나올 때까지만 해도 열이 펄펄 나고 아팠어도 운동화 끈을 묶는 순간, 물렁하던 종아리 근육이 갑자기 단단해져요. 그러면서 뇌부터 시작해서 마음 상태가 다 바뀌어요. 두통도 사라지고 아팠던 게 다 없어지죠. 그래서 뛰는 거예요. 뛰면 기분이 좋아져요. 골 넣는 것, 옆 사람에게 어시스트해주는 것이 다 너무나 좋았어요. 죽고 싶다는 생각은 해봤는데 핸드볼을 관둬야겠다고는 한 번도 생각 안 했어요. 핸드볼을 때려치우고 한국을 가든지 남편한테 가면 되었을 텐데…. 아, 남편한테 이렇게 얘기한 적은 있어요. 내가 여기를 그만두고 당신한테 가겠다, 하고요. 남편한테 미안하기도 하고 저도 혼자 살기 너무 힘들어서. 내가 당신 있는 곳으로 가서 공부하고 있겠다, 했더니 남편이 부담스러워서 싫다 하더라고요."

인터뷰를 하기 바로 며칠 전에 임오경 감독은 〈도전 1000곡〉이라는 텔레비전 프로그램에 출연했다. 임 감독이 국가대표급 노래 실력이라고, 그다음날 뉴스 연예면이 떠들썩했다. 그는 거기서 이런 노래를 불렀다.

"처음에 사랑할 때 그이는 씩씩한 남자였죠. 밤하늘의 별도 달도 따주마 미더운 약속을 하더니…."

아이를 낳으면 모든 걸 다 해주겠다고 말했던 남편과는 2008년에 이혼했다. 최근 방송에 나가서 이혼 사실을 밝힐 정도면 아픔을 많이 극복하신 모양이라고 내가 말을 꺼냈다. 그랬더니 괴롭고 속상했던 당시 이야기를 쏟아냈다. "밤마다 노래방에 죽치고 앉아 있었죠. 노래를 부른 게 아니라 반주를 켜놓고 혼자 울고 있었어요. 사람들 앞에서 울 수가 없으니까."

기쁨도 고통도 참 진한 인생이다. 다행히 그해 베이징 올림픽에서 해설을 하고 서울시청 팀 창단까지 하느라 매우 바빠서 슬픔에 오래 빠져 있을 틈이 없었다. 그렇게 시간이 지나고, 그는 이전보다 더 편안하고 씩씩해졌다. 남편이 있을 때는 의지하고 싶어서 자꾸 약해졌지만 이제 기댈 사람이 없다 생각하니 오히려 강해지는 것을 느낀다 한다.

다른 구기 종목도 그렇지만 특히 핸드볼에는 여성 지도자가 드물었다. 그런데 여자 마음을 더 잘 알 것 같은 여성 지도자들이 밤에 "갑자기 빨래를 시키"거나, "새벽에 오라 가라 하면서" 오히려 더 혹독하게 굴었던 경우도 많았다.

통 큰
여자 감독

     임오경 감독은 자신의 선수 시절 경험을 돌아보며 나쁜 전통을 버리고 좋은 것만 유지하려고 한다. 과거에 자신이 누리지 못했던 것을 선수들이 경험하게 해주면서 선수들의 은퇴 후까지 생각해서 지도한다. 어학 공부도 시키고 책도 읽으라고 하고, 한 달에 한두 번은 단체로 영화 관람을 한다. 문화생활이 몸에 배게 했더니 이제 선수들이 스스로 알아서 즐길 줄 알게 되었다며 뿌듯해한다. 운동에서 기본기가 중요하듯, 인간으로서 가져야 할 덕목을 강조해서 가르친다. 방 청소, 옷장 정리, 동료를 배려하는 마음까지 다 챙긴다.

     서울시청 여자핸드볼 팀은 다른 실업팀과 달리 외박이나 휴가를 길게 준다. 주말에는 무조건 쉬고, 한 해 경기가 다 끝나면 휴가를 한 달씩 준다. 그런데 이런 것들로 인해 욕을 많이 먹는데, 선수들은 다들 서울시청으로 가고 싶어 한다. 그리고 "서울시청으로 가면 왜 다 예뻐지냐고"

들 한단다.

임오경 감독 자신은 20대에 선크림 한 번 못 발라보고 땡볕에서 운동했다. 그러나 선수들에게는 "아이크림도 바르고 선크림도 바르라"고 조언한다. 운동에 큰 지장이 없는 한, 성형수술 하고 싶다는 선수들도 말리지 않는다. 그래서 쌍꺼풀 수술한 선수가 여럿이라고 임 감독은 재미있다는 듯, 자랑스레 이야기한다. 그런 배려는 자신이 젊었을 때 그렇게 살아보지 못해서 나온 것이다. 자신이 해보지 못한 것 중에서 후배들에게는 다 해보게 하는 것 중의 한 가지는 연애다.

"좋다 하는 사람 많았는데, 제가 일단 운동에 미쳐 있었기 때문에 그런 마음이 안 생겼던 거예요. 연애는 대놓고 못해봤죠. 멍청하게 살았기 때문에. 아휴."

그는 시대의 변화에 따라 운동선수도 달라져야 한다고, 그래서 선수들도 자기 관리를 해야 한다고 강조한다. 예를 들어 "머리끈 하나라도 하고 뛰라"고 조언을 하곤 한다.

나는 "힘없는 가냘픈 여자들만 나오는 텔레비전에서 힘세고 날쌘 여자 선수들이 펄펄 뛰어다니는 모습을 보면 얼마나 통쾌한데요. 조금이라도 예쁘게 하고 여자다운 모습으로 뛰라니… 임 감독님, 약간 실망인걸요" 하고 말했지만 임오경 감독은 단호하다. 시대에 맞게 가야 한다는 것이 그의 흔들림 없는 신조다. "비주얼이 중요한 시대니까, 시대가 흘러가는데 우리 스포츠인도 맞춰가야 된다고 생각해요."

'남도 나 같은 사람'이 통했다

남자들 세계에 진입하려면 여자들은 대개 '남자처럼' 전략을 쓴다. 남자와 다름없다는 것을 보여주기 위해서 여자가 아닌 듯이, 남자처럼 일한다. 그렇게 해서 성공한 여자들은 흔히 '아, 내가 여자였던가? 여자, 남자 나누는 거 다 피해의식'이라고 말한다. 예전에 나는 그런 얘기를 들으면 좀 흥분했다.

'이것 보세요, 여자들이 그만큼이라도 사회에 진출하게 된 것이 다 여자들을 평등하게 대우해라, 하고 외친 여자들이 있었기 때문이거든요.'

많은 경우 속으로만 외쳤지만 말이다.

임오경 감독도 남자 중심의 스포츠계에서 '여자라는 사실을 강조하지 않고' 맞춰 나가려고 애쓴다. 이런 태도 역시 예전 같으면 내가 흥분했을 '남자처럼'에 속하는 이야기다. 그런데 여성이라는 조건을 몸으로 정면 돌파하면서 견디고 지나온 사람이 하는 얘기여서인지 좀 달리 들린다. 그는 다른 인터뷰에서 이런 이야기를 하기도 했다.

"이 생활에 적응된 남자 선생님들이 저 하나를 받아주는 게 너무나 힘들었을 거예요. 여자를 하루아침에 받아주는 게 어렵기 때문에, 내가 노력해서 이들보다 부족한 게 없다는 것을 눈으로 확인시켜줘야겠다 생각을 했죠. 그래서 공부도 더 하고, 다른 일도 더 많이 했고, 도움 줄 수 있는 것도 더 주고. 제가 여자라는 걸 강조하지 않고 맞춰가려고 노력했어요. 그렇게 하니까 어느 날 같은 선에 서 있게 되더라고요."

출발선이 달라서 불리한데도, 심판이 편파적인데도, 더 열심히 하는 것으로 극복하는 것이 코트 안에서나 밖에서나 참 한결 같다. '나만 왜 뒤에서 출발해!' 하고 화내는 게 필요할 때도 있지만, 뒤에서 출발해서 달리다가 더 많이 배울 수도 있고 더 좋은 사람이 될 수도 있다는 게 인생의 묘미인 것 같다.

임오경 감독은 이런 얘기도 했다.

"조직에서 남자, 여자라고 생각을 하지 말고 나와 똑같은 사람이라고 생각하고, 그 사람들의 장점만 봐줬으면 좋겠어요. 여자는 남자들 세계에 들어가면 안 좋게 생각하는 경향이 있는데, 그런 생각을 좀 바꾸면 좋겠어요."

타인을 나와 똑같은 사람이라고 생각한다는 건 참으로 쉬운 표현이 지만 사실 쉽지 않은 일이다. 나와 견해가 다르거나 내가 원하는 대로 움 직이지 않는 사람을 '나를 괴롭히는 사람'으로 생각해버릴 수도 있기 때 문이다. 원하는 것을 얻지 못할 때 "엄마, 미워!" 하는 것과 같다.

아마도 내가 뒤처진 출발선에 서 있었다면 그 선을 그은 남자들에 게 '반여성적'이라는 의미의 온갖 나쁜 놈 딱지를 붙이며 불평하고 혐오 했을 것 같다. 그와 달리 임오경 감독은 나쁜 의도를 가지고 나를 배제하 려 했던 것은 아니라고, 끼워주느라고 힘들었을 거라고 그 입장에서 생 각해보는 것이 참 어른스럽다.

그러고보니 흘려들은 것 중에 똑같은 이야기가 있었다. 일본에 가 서 활동할 때의 이야기 중 하나였다. '이 사람들이 나를 한국 사람으로 볼 지언정 나는 한국인, 일본인이라고 생각하지 않고 이 사람들을 그냥 같 은 사람이라고 생각하자'고 결심했다는 것이다. 그랬더니 일본 사람들이 이름에 '사마'를 붙여줘가며 그를 떠받들어줬다고 한다. '나와 똑같은 사 람으로 본다'는 것은 그가 모든 인간관계에 적용하는 원칙이었다.

그렇게 더 많은 노력과 더 큰 이해심으로 끼어들어간 남성적인 세 계에서 그는 마침내 자리를 굳히고 이제는 조금씩 자기 스타일대로 하 려고 한다. 임오경 감독의 날갯짓이 핸드볼계에 체육계에 어떤 폭풍을 일으키게 될지 기대가 된다. 🅑

"그들이나 나나
똑같이 '마이너'들이니까.
아무도 보호해주지 않고,
가진 것 없고,
죽이면 죽이는 대로…
그게 가슴 아팠고
내 얘기 같아서 갔어요."
김영미

아프가니스탄, 이라크, 소말리아 등 폭탄이 터지고
총알이 날아다니는 곳을 누비며 그곳 사람들이 사는
이야기를 카메라에 담아오는 다큐멘터리스트.
특히 분쟁지역을 자주 찾아 그 분야 전문 다큐멘터리
피디(감독)로 알려진 그는 그저 사람이 궁금해서,
가슴이 아파서 위험하고도 험한 곳으로 달려간다.

2000년, 전업주부에서 갑자기 싱글맘의 처지가 되어
막막하고 혼란스럽던 때에 동티모르 내전에서 사망한
여대생 소식을 듣고 무작정 그곳으로 찾아갔다.
일 년간 동티모르에 살면서 찍어온 기록물을 들고
방송국으로 갔다. 그것이 〈동티모르의 푸른 천사〉라는
제목으로 방송된 것을 계기로 방송 프로그램
연출보조로 일했다. 그때가 서른 살이었다.

힘들었지만 신이 나서 아침방송 프로그램을 일 년쯤
하다가 '장애인의 날' 특집 다큐멘터리를 만들면서
더 넓은 세상의 또 다른 사람들에게 관심을 갖게
되었다. 바로 그때쯤 9·11테러가 일어났고,
미국은 빈 라덴을 주범으로 지목하며 빈 라덴이
있는 아프가니스탄을 공격했다. 부르카* 속에 숨은
아프가니스탄 여성들을 만나고 싶었고, 아프가니스탄
사람들 이야기를 찍고 싶었다. 유럽으로 출장 간다고
가족을 속이고, 떠나기 전날 밤 아무렇지도 않은
듯 동생들과 떡볶이를 사먹고 아프가니스탄으로
떠났다. 〈탈레반 붕괴 100일, 부르카를 벗는 아프간
여인들〉이라는 제목으로 방송된 이 다큐로 2002년
한국여성단체연합에서 주는 '여성 인권 디딤돌'
상을 받았다.

그 뒤로 세계 60여 개 나라를 다니며 사람 사는 모습을
카메라에 담아왔다. 대표적인 작품들로 〈일촉즉발
이라크를 가다〉, 〈파병 100일간의 기록 자이툰
부대〉, 〈이라크 파병 그 머나먼 길〉, 〈이슬람의 딸들〉,
〈조국은 왜 우리를 내버려두는가〉, 〈불타는 레바논〉,
〈미군들의 이라크〉 등이 있다.

● 이슬람 여성의 전통 의상으로, 얼굴을 포함해 전신을 가린다.

일 년에 한 달 정도 한국 땅에 머무르는 김 피디(PD)가 올 8월 한국에 들어오자마자 어렵게 인터뷰 약속을 잡았다. 김 피디로선 귀하고 아까운 시간을 내주는 일이었다. 세 시간을 예상한 인터뷰가 슬금슬금 길어지자, 목캔디를 먹어가면서 쉰 목소리로 여섯 시간 넘도록 얘기를 쏟아내야 했다. 한국YWCA의 한국 여성지도자상을 받은 소감을 물었다.

"저 되게 '마이너'거든요. 주류가 아니에요. YWCA가 저한테 상을 주기로 결정했다니 '마이너한테도 관심을 가지는구나' 하며 굉장히 기뻤어요."

그런데 '마이너'라니? 젊은이들이 선망하는 직업군의 잘나가는 피디가 왜 스스로 마이너라고 할까. 그는 항상 자신이 마이너라고 생각했다. 프리랜서는 보장된 것이 하나도 없는 사람이고, 보호를 받지 못하는 사람이어서 그렇단다. 입사 제의는 많이 받지만 거절한다고 하니 스스로 마이너가 되기를 택한 사람이라는 것이 맞겠다.

"(YWCA가) 나를 바라봐줬으면 더 약자의 처지에 있는 여성들도 앞으로 바라봐주겠다는 희망이 생긴 거니까요. 미래엔 동네에서 풀빵을 팔면서 '배고픈 사람은 하나 더 드립니다' 하는 사람도 수상자가 될 수 있다는 희망이죠."

처음 아프가니스탄으로 떠나기 전날에도 떡볶이를 먹었다던 그는 호떡에서 풀빵에 이르기까지 비유조차 참으로 일관성이 있다. '마이너'의 감수성 또는 입맛이라 할 수 있겠다. 스스로를 마이너라고 말하는 그의 이야기를 이제부터 옮긴다.

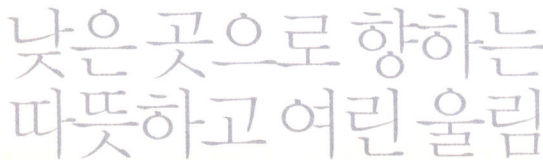

낮은 곳으로 향하는
따뜻하고 여린 울림

분쟁지역 전문 PD, 다큐멘터리스트 김영미

맛집 방송 같은 아침 방송을 하다가 어느 날 갑자기 "사람들 이야기, 사람 사는 다큐멘터리를 하고 싶어 다큐멘터리스트가 됐다"는 김영미 피디에게 그 배경을 물었다.

"내가 이 세상에 태어나서 허락받은 시간이 얼마인지 모르겠지만, 가진 자들이나 기득권자들을 위해서 내 하루를 쓰고 싶지 않았어요. 나는 낮은 곳에 쓰이게 태어난 운명 같았어요. 하루라도 빨리 아프간 사람들과 만나고 싶었어요. 사람들과 친해지고 그 사람들 생각을 알고 싶었고…."

사랑할 수밖에
없는 사람들

미국이 9·11 테러의 주범으로 지목한 '빈 라덴 체포' 외에 또 다른 아프간 전쟁의 명분으로 내세운 것은 '아프간 여성의 해방'이었다. 1996년 집권 이후 탈레반 정부는 여성 교육을 금지했고, 여성은 남성 보호자 없이 길거리를 다닐 수도 없었다. 또 머리에서 발끝까지 몸을 가리는 부르카를 입고 다녀야 했는데, 눈 부분의 망사를 통해서만 밖을 볼 수 있었다.

김 피디는 이곳 아프간을 취재하면서 다큐멘터리스트로서 가장 잊지 못할 장면의 주인공을 만났다. 마리암이라는 여성은 부르카를 벗고 방송하는 아프간의 여성 앵커였다. 그런 마리암에게 외국 취재진과의 인터뷰는 매우 위험한 일이었다. 어렵게 허락을 받고 약속된 장소에서

마리암을 기다렸다. 냄새나고 더러운 골목에 마리암이 부르카를 두르고 걸어오는 모습은 영화의 한 장면처럼 아름다웠다. 김 피디는 '저 모습을 본 것만으로도 아프간에 온 걸 후회하지 않겠다'고 생각했다.

　탈레반이 물러난 뒤에도 부르카를 벗은 아프간 여성을 촬영하는 것은 상상할 수 없는 일이었다. 그러나 그는 같은 여자라는 사실에 힘입어 민박집 주인의 아내, 누이들과 점차 친해지면서 아프가니스탄 여성들의 맨얼굴과 일상을 볼 수 있었다. 산부인과 병원에서 어린 생명을 살리기 위해 최선을 다하는 여의사들의 모습도 카메라에 담을 수 있었고, 외국으로 피신했던 여성운동가가 옛날 동지들과 재회하는 모습도 찍었다.

미국의 주장과 다르게, 탈레반이 물러남과 동시에 아프가니스탄 여성이 해방된 것은 아님을 보여주었다. 무엇보다 그 사람들의 시선으로 보고 그들을 이해할 수 있게 설명해주고 싶었다.

"부르카는 얼굴이 보이지 않게, 세상 남자들의 시선에서 자신을 보호하는 보호막이에요. 그 정도로 보호를 받아야 사는 세상이 팍팍한 거지, 억압의 상징은 아니었어요. 제 다큐에서 조명한 게 그거예요. 부르카를 탈레반의 폭정의 상징으로 보거나 미국의 시선으로 보지만 그건 아니다, 저거라도 붙들고 가야 되는 여인들의 슬픈 의상이라는 거죠."

가엽고 존경스럽고 고마웠던 그들

김 피디는 다큐를 찍으면서 만난 사람들을 "정말로 사랑한다"고 말한다. 고통 속에서도 따뜻한 마음을 가지고 사는 그들이 안쓰럽고 사랑스러웠다. 다큐를 찍는 과정에서 사람들과 만나고 친해지는 것은 참 행복한 경험이었다. 현지 코디네이터나 통역하고도 여러 해 동안 함께 일하다보니 끈끈한 사이가 되어갔다.

이라크에서 쫓겨나 터키 국경으로 가던 때다. 이라크에서 취재하던 그에게 한국 외교관들이 찾아와 '위험지역이니 나가라'고 했다. 이라크 친구들에게 간다는 인사도 못하고 곧바로 차를 타고 이라크─터키 국경으로 향하는데, 어떻게 알았는지 이라크 정보국 사람이 쫓아왔다. 그다지 친한 사이도 아니었는데, 그를 보호해주겠다며 총을 들고 온 것이었다. 그 모습을 보고 외교관은 사색이 됐다.

김영미 피디는 "내가 이라크에서 나가는 게 낫다, 마음은 고맙게 가져가겠다"고 말했다.

"한국 가서 총살당하는 거 아니야?"

"아니다. 걱정하지 마라."

"가서 안 다칠 자신 있어?"

"안 다쳐."

"그럼 보내줄게."

비로소 이라크 정보국 사람이 고개를 끄덕였다.

그날은 앞이 안 보일 정도로 진눈깨비가 쏟아졌다. 터키 군인들은 멋있는 긴 코트에 둥그런 모자를 쓰고 도열해 있는데, 돈 없는 가난한 이라크 정보국 직원들은 잠바 하나 걸친 채 총을 들고 달달 떨고 있었다.

　터키와 이라크의 국경이 그어진 다리는 언제나 교통체증이 심하다. 김영미 피디와 외교관이 탄 차가 긴 줄의 꽁무니에 붙어 조금씩 가고 있는데, 이라크 정보국 사람들이 "귀빈이니까 비켜"라고 소리치면서 길을 터주었다. 차에서 내려 "고맙다"고 하고 싶었지만, 한국 외교관이 어깨를 꽉 붙들어서 못 내렸다.

　"뒤돌아보니까 진눈깨비 속에서 홑옷만 입고 가진 것도 없는 사람들… 나라가 폭삭 망한 상황인데 그 불쌍한 처지에서 그래도 자기 역할을 하겠다고 애쓰는 모습이 가엽고 존경스러웠다"며, 김영미 피디는 당시를 회상하며 울먹거렸다. 그 모습은 마치 "태풍 지난 다음에 집에서 뭐 좀 건져보겠다고 그릇, 도마 꺼내는" 모습처럼 보였다.

돌이 씹히는 빵 한 조각, 회색 물을 같이 먹으며

　순박하고 정 많은 저개발국의 가난한 사람들이라고 해서 모두가 순박한 것만은 아니다. 짐승처럼 사람을 죽이고 빼앗는 사람도 있고, 끔찍한 상황에서도 꿋꿋하게 일상을 이어가며 진심을 다해 이웃을 대하는 착한 사람들도 있다. 그걸 잘 파악하고 시간이 조금 지나면 그들과 친해지게 된단다. 이때 중요한 것은 "대한민국에서 배운 것, 교양이고 자존심이고 뭐고 다 버리는 것"이다. "그들 수준으로 돌아가는 것, 눈높이를 맞춰주는 것"이다.

"계란 하나 더 삶아주면 좋아하는 사람들이에요. 난 그 계란에 온정을 담아서 줬을 뿐이고, 그들이 정을 담아준 계란을 받아먹었을 뿐이에요."

눈높이를 맞춰주는 대화는 예를 들면 이런 것이다.

"사람 죽이면 안 돼."

"왜 안 돼?"

"사람을 죽이면… 걔네 엄마 아빠, 시스터 브라더도 있는데, 다시는 못 보잖아."

"아, 그렇구나, 사람 함부로 죽이면 안 되는 거구나."

그곳 사람들과 눈높이를 맞추는 일은 취재를 위해 필요하기도 하지만, 거기에서 지내려면 어쩔 수 없는 일이기도 하다. 돌이 씹히는 빵 한 조각과 회색 물로 끼니를 때우는 일, 난민촌에서 지내는 일, "여자는 개나 고양이와 같아서 글을 읽을 필요가 없어"라는 식의 발언에 매번 열 받지 않고 넘어가는 것도 그들 눈높이에 맞추는 일이다. 상도덕의 중요성에 대해, 그들이 알아들을 수 있는 방식으로 이야기하는 것도 그런 일 중 하나였다. 그중 재미있는 일화를 들려줬다.

아프가니스탄에 가자마자 하얀 옷이 금세 시커메졌다(평소 아끼던 하얀 점퍼를 입고 출국하면 어머니가 선진국으로 출장가는 줄 알고 안도하기에 일부러 입고 간 옷이었다). 게스트하우스 아래층에 조잡한 드라이클리닝 기계를 들여놓고 세탁소를 차린 사람이 그 옷을 빨아주겠다며 '영업'을 뛰었단다. 다음다음 날까지 해주겠다고 약속해놓고는 아무리 재촉해도 일

주일째 옷을 주지 않았다.

바람 소리 횡횡 들리는 아침, 그날 먼 길을 가야 한다는 생각에 그는 벌떡 일어났다. 집 앞 모스크에서 새벽기도를 마친 사람들이 몰려나오고 있었다. 껌껌한 새벽에 눈만 번쩍번쩍 보일 정도로 "영발 팍팍 받아서" 나오는 사람들 속에 세탁소 주인이 보였다. 김 피디는 세탁소 주인을 향해 '잠바 내놓으라'고 소리소리 질렀다. 세탁소 주인이 화들짝 놀라서 모스크 안으로 몸을 피했다.

그 일을 계기로 세탁소 주인은 '아, 주기로 한 날짜에 반드시 내놔야 되는구나' 하는 깨달음을 얻고 그 뒤로 약속을 잘 지켜서 카불 최고의 세탁소를 가지게 되었단다. 지점까지 내면서 그야말로 '성공 신화'를 썼다고. 그런 것이 이들한테 보여줄 수 있는 "최대한의 예의였고 보람"이었다 한다.

일본 친구들, 안녕?

나는 파키스탄 페샤와르의 아프가니스탄 난민촌에 사는 루비나라고 해.

보내준 장갑과 도날드덕 저금통 잘 받았어.

무척이나 예뻐서 매일 보며 행복해.

나는 돈이 없어 너희에게 선물을 해줄 수가 없어.

그래서 이 편지라도 써서 주고 싶었어.

선물 정말 고마워.

알라의 은총이 너희와 함께하길 빌게.

그럼, 안녕.

극장보다
텔레비전이 좋다

〈부르카를 벗는 아프간 여인들〉은 일본에서도 방송돼 좋은 반응을 얻었다. 김영미 피디가 작품을 들고 무작정 일본 방송국을 찾아간 결과 였다. 방송이 끝나고도 3년 정도 그 방송국에서 일했다. 그때 일본에서 만든 다큐 중에 〈루비나의 편지〉라는 것이 있었다. 일본 아이들이 아프 가니스탄으로 보낸 학용품을 따라가는 다큐였다. 난민촌 아이들이 선물 을 받고 좋아하는 모습을 촬영하여 그것을 보낸 일본 아이들에게 보여주었다. 루비나는 장갑과 저금통을 받았다. 더운 나라에서 장갑은 필요 없을 테고, 돈이 없으니 저금할 일이 없는데도 처음 받아보는 선물이라며 볼에 부비며 좋아했다. 장갑과 저금통을 선물한 아이들을 찾아내서 루비나의 편지도 읽어주었다.

이 영상물은 폭발적인 호응을 얻어 시청률 1위를 기록하면서 각 학교마다 이 영상을 틀어주었고, 김 피디에 대한 인터뷰 요청이 줄을 이었다. 그럴 때 그만두고 나왔다. 제작비 스트레스를 받지 않아서 좋고, 얻은 것도 많았다. 하지만 거기서 안주하고 싶지 않았다. 제작비가 너무 많으니까 나태해지는 것 같아서 싫었다.

일본 언론에서 김영미 피디를 한참 띄우려고 할 때 그만두고 나온 또다른 이유는 사람들에게 너무 알려지면 다음 작품을 찍을 때 취재가 어렵기 때문이다. 방송에서 봤던 사람, 그래서 어려운 사람으로 느껴진다면 취재하기도 어려울 것 같았다. 취재는 당신이나 나나 비슷한 처지라는 공감대에서 시작된다는 것을 그는 잊지 않은 것이다.

다큐를 만들려면 돈이나 명예는 조심해야 하고, 정작 열심히 챙겨야 하는 건 건강이라는 게 그의 지론이다. "몸도 장비의 일부고, 환갑 넘어서까지 카메라 들고 현장에서 뛰려면 준비를 많이 해야 되기 때문"이다. 그래서 취재를 갔다 올 때마다 그는 정기검진을 받으러 간다.

서민도 볼 수 있는 텔레비전의 매력

그가 적게 가지고 소박하게 살고자 하는 것은 다큐를 잘 만들기 위한 나름의 방법론이었다. 마이너리티를 담고 보듬는 마이너 다큐 감독의 철저한 직업의식. 예를 들자면, 그는 아파트와 자동차를 싫어하고, 로또를 무서워한다. 로또는 당첨될까 무서워서 못 산다. 혹시 당첨되어서 다큐를 안 하게 되면 어쩌나 하고 지레 '허걱!' 하는 것이란다.

"20억짜리 건물이 있으면, 그 삶의 무게가 얼마나 크겠어요. 세금, 청소, 건물 유지, 어떤 업체랑 계약서 쓰고 받고 도장 찍고 뭐 하고, 무슨 보증 들고 안 들고…. 생명 가진 내가 빌딩 같은 무생물보다 못한 것처럼 그렇게 살 자신은 없어요."

한국에 오면 그는 지하철이나 버스 타는 것을 좋아한다. 그런 곳에서 소재를 많이 얻을 수 있고, 보통 사람들의 느낌을 알 수 있기 때문이다. 그 '감'을 유지하지 않으면 그가 타깃으로 하는 시청자 층의 공감을 얻기 어렵다. 그는 차를 굴릴 형편이 안 되는 것이 그래서 다행이라 여긴다.

그런데 로또 당첨금보다 더 소중하다는 다큐를 극장용으로 만들고 싶지는 않을까?

"할머니 할아버지들도 볼 수 있는 티비가 저는 좋아요. 마이너한테는 티비가 최고예요."

그는 할머니 할아버지들도 볼 수 있는 다큐를 만들기 위해서 내레이션에는 가장 쉬운 단어를 골라 쓰려고 애쓴다. 시골 할머니 할아버지들이 이해하는 수준의 단어는 어떤 것인지 직접 찾아가서 확인하기도 한다. 경로당이나 마을회관에 찾아가 뉴스를 틀어주고 이런 단어 뜻 아느냐, 이런 기사는 어떻게 이해했느냐 등을 물어본다. 담배 몇 보루와 할머니들이 좋아하는 간식거리를 사들고 강원도로, 경상도로 다닌다. 그러면 할머니 할아버지들이 그에게 아주 성실하게 봉사해주신다. 그러고 나서 헤어질 때가 되면 할머니들이 붙잡기까지 한단다.

〈시사IN〉의 국제 기사를 쓸 때도 아줌마들이 읽을 수 있게, 고등학생들이 논술 공부할 때 인용할 수 있게 쉽고 재미있게 쓰려고 한다. 그는 우리 시각으로 본 국제 뉴스, 한국이 어떤 영향을 받을 것인지 분석이 들어간 국제 기사를 써야 한다고 생각한다.

"미국과 이란 관계가 냉각기면 우리나라 휘발유 가격이 금방 0.5원 올라요. 화해하면 또 금방 내려요. 자동차 기름값이 어디가 싸네 하면서, 왜 이란과 연결을 못 하실까. 그건 언론의 책임 아닐까. 이란에 난리가 나도 여기는 따로국밥인 양 무관심한 언론이 그렇게 만든다고 생각해요."

많이 알지 않아도 많이 가보면 얻는 것들

최근 김영미 피디는 이집트나 시리아, 리비아, 레바논 같은 나라에서 무슨 일이 생겼다 하면 여기저기 매체에서 제일 먼저 찾는 인물이 된 것 같다. 웬만한 사람은 세계지도에서 위치를 콕 집어내기도 어려운 멀고 먼 나라 사정을 다른 사람들에게 쉽게 설명해주려면 공부도 많이 해야 하지 않을까?

그런데 "공부, 책상, 학위… 이런 건 물어보시나 마나"란다. 사실은 현장에 많이 가봐서 잘 아는 것이 더 우선이라는 말이다.

이집트 카이로에서 무슨 일이 났다 하면 카이로 광장이 머릿속에 그려진다.

"카이로 광장에서 홍차 팔던 그 사람, 홍차 많이 팔았겠네. 아니나 다를까 떼돈 벌었더라고요. 또 무슬림형제단이 정권 좀 잡아보겠다 하면, 무바라크 옆에서 열심히 일했던 사람들은 쫓겨나겠네…."

이렇게 그곳 상황이 머릿속에 그려지게 된다.

그는 책을 먼저 보기보다는 최대한 많은 사람을 만나려 애쓴다. 만약 무바라크를 직접 만나면 무슨 생각으로 30년 독재를 했는지 알 수 있으니까. 그렇게 취재하는 동안 인맥이 만들어지고, 요새는 스마트폰만 가지고도 취재를 할 수 있다.

"군부가 시위대에 총을 쐈다, 부상자들이 병원에 있다 그러면, '저기 좀 비춰요. 아, 스톱. 저기 다리 잘린 사람, 인터뷰 좀 하죠.' 이렇게 해서 인터뷰도 가능해요. 취재의 기본은 현장에서 직접 몸으로 알아보는 것이죠."

김영미 피디는 2002년 전쟁 직전의 이라크를 찾았고, 2005년에도 이라크에 가서 폐허가 된 이라크와 이라크 사람들의 생각을 담아왔다. 폭격으로 가족을 잃고 정신줄을 놓은 사람들, 직장이 없어져서 살 길이 막막해진 사람들, 이라크의 평범한 사람들의 고통과 일상을 찍다가 이

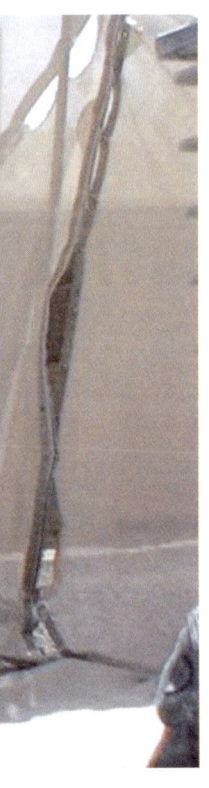

라크에 온 미군들은 어떨까 궁금해져서 2008년 임베드 프로그램(embed program, 종군기자 프로그램)에 지원했다. 이 프로그램은 미국 국방부가 전 세계 기자들을 선발해 미군 부대에 배속시키고, 군인들과 숙식을 함께 하며 동행 취재할 수 있게 하는 것이다. 김 피디는 여기에 지원해 이라크의 미군들과 함께 먹고 자며 그들 이야기를 카메라에 담았다. 그는 2007년 아프가니스탄에서도 임베드 프로그램에 참가했다.

"이라크 사람들은 많이 취재했는데, 미군들이 바라보는 이라크는 어떤지 궁금했어요. 결국 죽어가는 어린 미군들도 약자였더라고요. 불쌍하더라고요. 나이도 어린데 전쟁터 와서 명령 하나로 총 쏘고 사람 죽이는 짓을 하니 안 불쌍해요. 그들에 대한 이야기를 하고 싶었어요. 이라크 민중을 쏴 죽이는 자들은 어떤 자들인가. 사람들은 이놈은 착하고 이놈은 나쁘다고 흑백논리를 강요하는데, 그 '착하다 나쁘다'는 기준을 모르겠거든요. 똑같이 몰아넣고 죽고 죽이고 하는데, 죽은 놈은 착한 놈이 되고 죽인 놈은 나쁜 놈이 되는 이런 말도 안 되는 논리로 얘기하면 안 된다. 그래서 거기 가서 취재할 생각을 했던 거예요."

미군들은 고등학교를 갓 졸업하고 온 열여덟에서 이십대 초반이 많았다. 그들과 함께 막사에서 생활하며 장갑차를 타고 알카에다 수색작전에 나가기도 하고, 함께 순찰도 돌았다. 총알이 빗발치는 위험한 순간도 있었다.

미군병사 귀신과도 인터뷰를

"함께했던 어린 군인들이 어떤 식으로 전투를 하고 누구를 죽였고, 어떤 순간에 총을 쐈는지 다 지켜봤죠. 자면서 잠꼬대로 '엄마' 하고 부르는 애도 있었어요. 그럴 때 안아주고 싶었죠. 그 애들 엄마가 거의 내 또래거든요."

그때 같이 순찰을 나갔다가 폭탄이 터져서 한 병사가 죽었다. 김 피디와 다른 병사는 탈출을 했다. 죽은 병사를 시신 백에 넣고 성조기를 덮어서 보내는 모습을 공항에서 직접 봤다는 그의 목소리가 떨린다.

옛날 전우들을 만나듯 그 병사들을 가끔 미국에서 만나는 그는 계속 기록도 하고 있다. 그중에는 귀신과 인터뷰한 것도 있단다.

"미국 와서 만났더니, 폭탄이 터져서 죽었던 병사가 집으로 자꾸 온다는 거예요. 그래서 심심하지가 않대요. '언제 오는데?' 하고 물었더니 '지금 옆에 있잖아' 그러는 거예요. '난 안 보이는데' 하니까 '네가 이라크에서 너무 충격을 받았나봐. 사실 네 옆에 있어. 남들이 네가 정상이 아니라고 해도 네가 인정을 해'라고 얘기하더라고요. 내가 봤을 땐 죽은 전우가 보인다는 그가 정상이 아니거든요. 그때 내가 관 위에 성조기까지 덮여 있는 걸 봤는데 살아 돌아오다니 말이 안 되는 거죠. 그래서 '내가 비정상이라서 인터뷰가 안 되니 네가 대신 통역을 해주라'고 했어요. 내가 귀신 같은 건 안 믿는 사람인데, 귀신하고 인터뷰를 한 거죠."

2003년 이후로 미군 사망자 수는 4000명이 넘었다. 살아 돌아간 병사들도 PTSD(외상 후 스트레스 장애)를 겪는 경우가 많다. 그나저나 얘도 불쌍하고 쟤도 불쌍하면 누가, 무엇이 문제인 걸까? 그는 명쾌하게 "군인들을 그 땅에 데려다놓은 사람들이 문제"라고 한다.

김영미 피디는 싱글맘이다. 돈에 얽매이지 않고 살고 싶어도 자식 때문에 그러지 못한다고 하는 것이 부모들의 공통된 호소 아니던가.

"나도 학비는 대는데…? 아, 식비는 조금 더 들어가요."

아이 있는 게 뭐 어떻다고, 웬 개가 풀 뜯어 먹는 소리냐, 하는 표정이다.

나는
마이너다

사실 그는 먹고살아야 해서 방송 일을 시작했다. 피디라는 직업을 가져야겠다고 생각한 적도, 큰 포부를 갖고 산 것도 아니었다.

"내 기억에 처음 70만 원 정도 받았지만 생계에 엄청 도움 됐어요. 그걸로 먹고살았어요. 난 되게 감사했는데."

그 정도면 당시 시민사회단체 실무자 월급 정도였다. 그 돈을 받고 일주일에 하루 집에 들어갈까 말까 하며 미친 듯이 일을 했다. 일이 재미있고 신났다니 뭐, 그럴 수도 있겠다. 그러나 그 후에 아프가니스탄으로 떠나면서 프리랜서 피디가 되었는데, 먹고사는 것에 대한 걱정은 없었을까?

"다음 달도 70만 원 정도만 벌면 먹고 산다 생각하고 프리랜서로 나온 거지, 무슨 비장한 결심을 하고 모든 영광을 버리고 나온 건 아니에요. 지금도 마찬가지예요. 벌어서 아파트 산다는 생각만 안 하면 돼요. 그걸로 먹고 살면 돼요.”

생활을 소홀히 하면 작품의 질도 낮아져

김 피디는 아들과 떨어져 지낼 때에도 이메일을 매일 주고받고 전화도 매일 한다. 스스로 가정을 잘 지키고 아이한테 잘 해야 다큐에서도 그런 얘기를 할 수 있을 것 아니겠냐는 것이다. 생활을 소홀히 하면 작품의 질도 낮아진다.

아이를 키우면서 더 많은 것을 이해하게 되었다. 아이의 사춘기를 지켜보면서 “팔레스타인 청소년들은 반항을 총질로 하는구나, 반항을 자살테러로 하는구나” 하는 것도 이해하게 됐고, 어머니로서의 경험이 취재원이나 다큐 주인공을 찾을 때 조금 다르게 보는 관점을 제공해준다.

일할 때 여성이라는 것을 의식할 일이 없었고 여성이라서 불편한 것도 별로 없지만, 필요할 때는 따지거나 세게 나가기도 한다. 이슬람 국가에 가면 “여자는 배울 필요 없어. 넌 당나귀한테 책 갖다주냐” 하는 얘기를 흘려들을 수밖에 없지만, 푸른 제복 입으신 분들이 그가 쓴 전투기 기사에 대해 “아니, 군대도 안 갔다온 여자가 전투기를 뭘 안다고?” 했을 때에는 이렇게 대답한다.

“냉장고 살 때 사모님이 고르시잖아요. 가격이 얼만지 성능이 어떤지, 냉각기가 몇 갠지 여자들이 다 따져봐요. 차 살 때도 마찬가지예요.

남자들은 희망사항만 얘기하지, 영업사원하고 끝까지 가격 깎아가면서 오디오가 어떻고 선루프가 있네 없네, 따지는 것은 사모님 아니에요. 전투기도 마찬가지죠. 내가 여자니까 따져보는 거예요."

냉장고 사는 것과 전투기 사는 게 같냐는 말에, "에이, 이거 다 따지고 보면 결국 기계잖아요" 하며 그렇게 논리를 만들고 끝까지 얘기하면 그 다음부턴 여자가 어쩌고 하는 얘기는 안 나온다.

가진 게 없으니 외국 취재도 가뿐히 떠나

2011년에 낸 책 《세계는 왜 싸우는가》는 '아들에게 들려주는 분쟁의 진실'이라는 부제를 달고 있다. 자신이 취재한 지역에 관해 아들에게 들려줄 이야기를 시간 나는 대로 틈틈이 메모한 것을 묶어서 책으로 냈다.

그는 아이가 세계를 넓게 볼 수 있도록 도와주려 하지만 학교 성적에는 관심이 없다. 아이 학교 선생님을 만나고선 "대학 안 가면 인간 아닌가"라고 반문해서 선생님이 어처구니없어 했다.

그는 지금 미국 시애틀에 살고 있다. 취재 떠나는 지역으로 가는 비행기를 타기 편한 곳이기 때문이다. 3년 전부터는 아들이 미국으로 와서 고등학교를 다닌다. 엄마와 함께 살고 싶다고 해서, "미국에 오려면 국어랑 국사는 다 배우고 와야 한다"고 했더니 아들이 그 두 과목을 모두 100점을 맞아 미국에 오게 됐다. 그런데 아이 때문에 미국 아닌 다른 나라로 또 옮길까 하는 생각도 해봤다. 한국보다는 덜하지만 "미국도 성적을 무척 중요시하고, 숙제도 많이 내주고" 해서란다. 아니, 잠깐, 이 나라에서 저 나라로 옮겨가는 것을 마치 왕십리에서 신당동으로 이사 가는 것처럼 말씀하시네.

"가진 게 별로 없으니까, 다른 나라로 옮기기도 쉬운 거예요. 저는 집에 가구를 많이 안 두고, 물건도 많이 가지고 있는 게 싫어요. 그게 나의 삶의 무게죠. 20만 원 주고 식탁을 샀는데 딴 나라 갈 때 버리고 가려면 아깝잖아요. 그건 20만 원어치의 짐이니까."

정말로 가구가 필요할 때는 남들이 버린 것이나 값어치 없는 걸로 산다. 그러면 떠날 때도 남들한테 가볍게 주고 오면 된다. 정리하고 팔려고 하면 번민이 또 생기니까. 집은 절대 안 사기로 일찌감치 마음먹었다.

옷은 파키스탄에서 많이 사온다. 우리나라 아파트 헌옷 수거함에서 흘러나간 옷들이 파키스탄 시장에서 팔리는데, 티셔츠 하나에 우리 돈 20원 정도 한다.

아끼지 않고 돈을 쓰는 곳이 그래도 있지 않을까?

"난 돈 쓸 데가 별로 없는데… 돌아다니면서 떡볶이 사 먹는 것 정도예요. 우리 아들하고 떡볶이 사 먹으면서 '순대?… 질러, 질러!' 하는 게 다예요."

총을 들지 않아도 먹고살게 하는 공정무역에 주목

그는 스스로 다큐를 선택한 것이라기보다는 "세상이 시킨 일"이란 생각을 한다. 그래서 가끔씩 "내가 이 일을 할 만한 자격이 있는지" 고민하고, 자신이 생각하기에 "아주 수동적으로 일"을 한다. 이 대목에서는 조금 의아해진다. 선원들이 납치되었을 때 소말리아 해적 소굴에 제 발로 찾아간 (국내에서는) 유일한 언론인 아닌가.

"소말리아도 제가 가고 싶어서 간 건 아니에요. 아무도 안 가니까 나라도 간 거죠."

2006년 동원호 선원들이 납치된 지 100일이 다 되도록 협상은 진척될 기미를 보이지 않았고, 사람들은 점점 동원호 선원들을 잊어가는 것 같았다. 보다못한 김영미 피디가 결국 소말리아로 갔다.

오랜 내전을 겪은 소말리아는 무법천지나 다름없었고, 소말리아 과도정부의 공권력은 해적들에게 미치지 못했다. 김영미 피디는 보디가드를 대동하고 위험천만한 여정 끝에 해적 우두머리를 취재하고 동원호에 올라 선원들이 처한 비참한 상황을 카메라에 담아왔다. 그것이 〈피디수첩〉에서 방송되어 많은 사람들이 다시 관심을 가지는 계기가 되었고, 120일이 지났을 때 선원들이 모두 풀려났다.

최근엔 공정무역에 관심이 많아졌다. 제3세계 생산자들에게 정당한 대가를 지불하는 공정무역은 그 지역 사람들의 경제적 자립을 가능하게 하기 때문이다. 먹고살 길이 없어서 총을 들 수밖에 없던 사람들,

이들이 경제적으로 자립하면 살벌하게 총을 드는 일은 벌어지지 않을 것이다. 이렇게 공정무역이 활발해지기를 바라는 마음은 2011년 다큐 제작진 전원이 재능기부로 참여한 〈히말라야 커피로드〉를 만들었던 것이 계기가 되었다.

당시 김 피디는 공모를 통해 선발한 대학생들도 스태프로 데리고 갔다. 그리고 4개월에 걸쳐 네팔에서 다큐를 찍었다. "멘토니 뭐니 그런 건 다 어른들이 하는 이야기고, 도움도 안 된다"고 생각한 그는 청년들에게 실제로 일을 할 기회를 주고 싶었다. 그래서 그는 경력 없는 사람들을 많이 고용하는 편이다. 그런데 경험 없는 조연출을 고용하면 어쩔 수 없이 조연출 일까지 자신이 직접 해야 되는 일이 흔히 생긴다. 결국 네팔에서 다큐를 찍는 동안 그는 나무를 하고 불을 피워서 밥을 해 먹이는 것까지 도맡아 했다.

그 뒤 〈히말라야 커피로드〉는 책으로도 만들어졌다. 아름다운커피에서 지원받기로 한 실제작비가 부족하던 차에 우연히 한 출판사 사장을 만나게 되어 출판 계약을 했다. 인세는 아름다운커피에 기부금으로 내놓았다.

다큐 〈히말라야 커피로드〉는 방송통신심의위원회의 '좋은 프로그램'으로 선정되었다. 스태프들의 이력서에 그 수상 경력을 한 줄 더 넣어주기 위해, 평소와 달리 그런 데에 신경을 썼다는 그는 만나는 사람마다 마음을 쓰고 표 안 나게, 때론 무뚝뚝하게 챙겨주는 듯하다.

반음 낮추면 여리고 따뜻한 울림

그에게 취재 현장에서 찍은 사진을 몇 장 달라고 인터뷰 끝난 뒤에 부탁을 했다. 그날 인터뷰하는 곳에서도 사진작가가 사진을 찍었지만 현장의 사진이 들어가면 더 생생한 느낌이 날 듯했다. 그러자 사진이 총 몇 장 들어가는지, 몇 장을 원하는지 자세히 묻는다. 그날 찍은 사진이 적게 들어가면 사진작가의 수입이 그만큼 줄어드는 게 아닌지 염려했던 것.

마음 씀씀이의 섬세함에 비하면 상당히 투박하다 할 표현을 그대로 옮기자면 "남의 영업에 방해되는 건 안 하려고" 그런단다. 스쳐 지나가는 사람한테까지 마음을 쓰는 것, 보통 사람은 흉내 내기 어려운 경지의 오지랖이다. 하긴 지구 저편 사람들까지 염려하는 오지랖 아니던가.

그는 이 책의 편집과정에서 예상되는 어려움에 대해서도 염려를 내비치며 조언을 아끼지 않았다. 그러면서 이 책을 내는 출판사가 유명한 큰 출판사가 아니라는 점을 반겼다. "나 아니어도 할 사람 많은" 일은 할 필요가 없다고 생각하기 때문이다.

"내가 기왕 무언가를 한다면, 남한테 기회가 됐으면 좋겠어요. 예를 들어서 배고플 때 호떡 사주는 것하고 배부른 사람한테 호떡 사주는 것하고 같아요? 내가 호떡장수라면 정말 배고픈 사람이 맛있게 먹고 가면 좋잖아요. 어차피 호떡 값이 똑같다면, 내 호떡이 필요한 사람한테 주고 싶어요."

김영미 피디가 카메라에 담으려는 대상, 그리고 자기 자신을 가리키는 말로 쓰는 '마이너'를 우리말로 바꾸면 여러 가지가 있겠다. 이념에 따라, 장르에 따라, 사회적 약자, 소수자, 민중, 혹은 주변부, 낮은 곳, 서민, 없는 것들이 그에 해당한다.

책에 나오는 이론이나 다른 사람의 권위에 기대지 않겠다는, 특히 메이저 리그에서 활동하는 자들의 말을 흉내 내지 않겠다는 의지가 배어나오는 말 같아서, 그의 말을 고치지 않고 그대로 썼다.

메이저 코드의 가운데 음을 반음 내리면 마이너 코드가 된다. C마이너 코드는 도미♭솔이다. 반음 낮추면, 슬프고 여리고 따뜻한 울림이 생긴다.

아아, 그는 확실히 마이너다. ♭

"너무나
평범한
학생이었어요."
이지선

14년 전, 대학교 4학년 때 학교에서 집으로 돌아오는 길에 사고를 만났다. 사고가 나던 날은 오빠를 만나 학교에서 집으로 오는 길이었다. 늘 다니던 시간에 늘 다니던 길로 그렇게 가고 있었다. 그런데 뒤에서 음주운전 차가 사고를 내고 도망가던 중, 신호대기로 서 있던 오빠 차를 아주 세게 받으면서 차는 여기저기 부서지고 불이 나기 시작했다. 이때 사고로 이지선 씨는 정신을 잃었다. 오빠가 먼저 정신을 차리고 여동생을 밖으로 꺼냈을 때는 이미 동생의 상반신에 불이 붙어 있었다. 몸에 붙은 불을 끄고 나서야 차가 폭발할 것 같다고 빨리 나오라는 사람들 소리가 들렸고, 오빠가 동생을 안고 나오는 순간 차가 폭발했다. 살면서 단 한 번도 생각하지 않았던 일이 예고 없이 순식간에 일어난 것이었다.

이지선 씨는 병원 응급실로 옮겨졌다. 병원에서는 오빠한테 동생이 맥박도 잡히지 않고, 곧 사망할 것 같다고 "빨리 작별인사를 하라"고 했다. 정말 살 가망이 없는 환자여서 처음 일주일 동안 간호사실 맨 앞자리에 있었다. 그런데 기적처럼 일주일 만에 산소호흡기를 떼고 그는 살아났다.

산소호흡기를 떼던 날, 오랜만에 마신 그 물은 너무너무 맛있었다. 살아 있기 때문에 마실 수 있는 그 시원한 물맛을 지금도 잊지 못한다. 살기 위해, 살아남기 위해 그 뒤로 수많은 고통의 시간들을 지냈다. 하지만 그때마다 그 순간의 그 물맛을 기억하려 했다. 살아 있기에 누릴 수 있는, 너무나 사소하지만 사실은 어마어마한 기쁨들을 기억하면서 그 시간들을 지나왔다.

40여 차례 수술을 받고 재활훈련을 하면서
그가 스스로 엄지손가락을 까딱하던 날은 가족 모두가
울었다. 관절이 있는 마디마다 생긴 쪼글쪼글한
주름들이 수십 번 찢어졌다가 아물기를 반복하면서
다시 글씨를 쓸 수 있게 되었다. 혼자 옷을 입을 수
있게 되고, 혼자 할 수 있는 일이 하나둘씩 늘어났다.
사고 뒤 다친 손을 보며 "부끄러운 손이 되지 않게
해달라"고 기도했던 그 손으로 써낸 《지선아 사랑해》를
2003년에 출간했다. 2004년에는 사고 후에 계속
꿈꾸던 공부를 하기 위해 미국으로 떠났다.
9년째 혼자서 큰 불편함 없이 미국 유학 생활을
하는 이지선 씨는 이제 자신의 쪼글쪼글한 손을
부끄러워하지 않는다. 건강할 때 할 수 없었던 아주
의미 있는 일들로 채워진 지금의 이 삶에 감사한다.

"세상 사람들이 보기엔
너무 불쌍해 보이는 제 삶이
누군가에게
희망을 전한다는 게
기뻤어요."

장미꽃이 핀 공원의 카페에서 이지선 씨를 기다리는 동안 가슴이 두근두근했다. 남다른 외모를 가진 그가 저 넓고 환한 길을 걸어와서 카페를 가로질러 오는 것을 상상하니 나도 모르게 긴장한 것이다. 이상하게 쳐다보는 사람들 눈길이 예상될 때 이런 느낌이겠구나, 간접경험을 하고 있는 것 같았다. 그뿐만 아니라 나의 시선 또한 주제넘은 연민이나 호기심 담긴 것이 되지 않을까 걱정도 되었다.

그러나 마침내 나타난 이지선 씨는 차분하고 자연스럽기만 하다. 이야기를 나누다보니 지레 걱정하고 긴장했던 마음이 금세 유쾌함으로 바뀌었다. 그의 여유 있는 태도와 재기 넘치는 유머 덕이다. "데었나봐. 쯧쯧" 하고 대놓고 말하는 낯선 사람한테 "덴 게 아니라 홀랑 탔어요, 홀랑" 하고 씩 웃어준 적이 있다더니, 과연 특별한 이지선이다.

미국 UCLA에서 장애인 복지에 대한 박사 논문을 준비 중인데 쉽지 않다는 얘기부터, 연애 얘기가 있으면 책을 한 권 더 쓸 텐데 미국에서 연애를 못 해봤다는 얘기까지, 그는 단정한 말투로 솔직하고 털털하게 얘기했다. 그만의 특별한 매력에 빠져서 요즘 사는 이야기를 재미나게 나누다보니 어느새 그가 자리를 떠야 할 시간이 되었다. 며칠 뒤 교회에서 간증을 하기로 되어 있다니, 많이 아팠던 시절 이야기는 거기서 듣기로 했다. 이지선 씨의 허락을 받아 간증 내용 중 일부를 글 중간에 옮긴다.

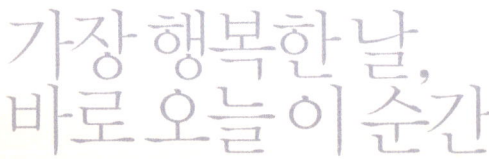

가장 행복한 날,
바로 오늘 이 순간
희망의 전도사 이지선

가볍게 살며
가끔은
잊는다

이지선 씨를 만난 것은 지난 8월 27일, 그가 미국에서 귀국한 지 일주일 뒤였다. 한국에 와서 강연도 하고, SBS 힐링캠프에 출연할 예정이라고 했다. 우리가 만난 날은 마침 힐링캠프 녹화 전날이었다. 그래서인지 "저 내일 힐링캠프 녹화해요"라고 말하며 밝게 웃었다. 주로 청소년들 대상의 강연이 많은 그에게 강연할 땐 어떤 얘기를 하는지 물었다.

"요즘에는 나를 소홀히 여기고 가볍게 여기는 것에 대해 말을 많이 하게 돼요. 살아남느라 힘들었는데 그러면서 깨달은 것들이 있잖아요. 또 하나는, 모습이 달라지고 보니까 내가 다른 사람들을 대했을 때 눈빛으로 그 사람들을 얼마나 차별해왔는지 이야기하게 됐어요. 우리는 '다르다'를 '틀리다'라고 잘못 쓰는 것처럼, 장애인뿐만 아니라 모습이 다른 것에 대해서 차별의 시선으로 보는 것 같아요. 그런 것에 대해서, 제 경험에 대해서 이야기해요. 요즘 애들은 우리 시대보다는 힘든가봐요. 강연 끝나면 여자아이들은 저보고 안아달라고 하기도 해요."

이지선 씨의 책은 '중학생이 읽어야 할 도서목록'에 오를 때가 종종 있다. 학생들은 그의 책을 읽고 독후감을 쓰기도 하고, 마음 깊이 감동을

받으면 작가에게 직접 편지를 보내기도 한다. 솔직한 표현이 담긴 어린 아이들의 편지는 그에게 매우 특별하게 다가오는 듯하다.

"아이들 표현이 참 귀엽고 고마워요. 그동안 장애인들을 너무나 다르게 쳐다봤는데, 다시는 그렇게 쳐다보지 않겠다고 야무지게 말하는 애들…."

많은 독자들이 그의 책을 보고 여러 다양한 반응을 보였을 텐데, 그중 기억에 남는 사람들에 대해 물어보았다.

"제 책에 워낙 기독교 내용이 많이 씌어 있으니까 교회에 반감을 가지고 있던 분들이 신앙이란 참 필요하고 중요한 거구나, 느꼈다는 반응이 많았어요. 제일 반갑고 좋은 편지는 아픈 분들, 마음이 아픈 분들이 보낸 편지예요. 이분들이 제 책을 보고 '큰 도움을 받았다', '고맙다'고 하실 때마다 기쁘죠. 어떤 분은 길에서 저를 만나서 막 울어요. 계속 죽고 싶단 생각을 하며 살았는데, 누가 제 책을 선물해줬다는 거예요. 저를 만나 너무 반갑다고, 그때 상황이 떠오른다고 울더라고요. 지금 이렇게 잘 살고 있다고, 고맙다고…. 제가 생각 없이 학교 다니다가도 그런 분을 만나면 잘 살아야지, 하는 생각이 들어요."

강연은 늘 감사하는 마음으로 살게 하는 약

요즘은 공부하느라 조금 뜸하지만, 이지선 씨는 홈페이지나 트위터 활동도 활발하게 해온 편이다. 사람들과의 소통은 그를 활력 있게 하고 또 보람 있게 한다. 그와 인터뷰를 하던 그날도 누가 그를 아는 척했다. 한산한 카페에는 우리를 포함해 손님이 다섯 명을 넘지 않았는데, 한 중년 여성이 갑자기 다가와서 과일주스 두 잔을 내민 것이다. 그 여성은 "지선 씨, 사랑해요. 한번 안아드릴게요" 하고는 자기소개를 했다.

사람들과의 소통에 대해 이야기를 나누던 중에 일어난 일이라 신기했다.

"우아, 이런 일이 자주 일어나는 모양이네요."

증년 여성이 돌아간 뒤 내가 이렇게 반응하자, "그러게요, 마치 설정한 것처럼" 하며 이지선 씨도 웃었다.

"늘 감사하며 살지만, 일상을 살다보면 그 감사함을 잊어버리기도 해요. 그런데도 새록새록 다시 감사함을 느껴요. 책에도 썼지만 제 인생은 덤으로 주어진 거고, 덤이니까 마냥 좋은 거잖아요. 공짜로 받은 거니까. 그 마음으로 사는 것 같아요. 강연 같은 데 가서 제가 이런 이야기를 하다보면 또다시 '맞아, 그랬지' 하고 되게 감사하는 마음이 들어요. 일상을 살다보니까 잊어버리고 있다가 얘기하다 보면 또 눈물이 나오기도 하고. 사실 너무나 많이 한 얘긴데도…."

깡그리 잊고 싶을 만큼 고통스런 시간들을 살아낸 그는 이제 일상생활에선 가끔 사고의 기억을 잊고 산다. 그러다 강연을 듣는 청중들처럼 강연을 통해서 자기 자신도 다시금 감사하는 마음으로 주어진 삶에 임하게 된다고 한다.

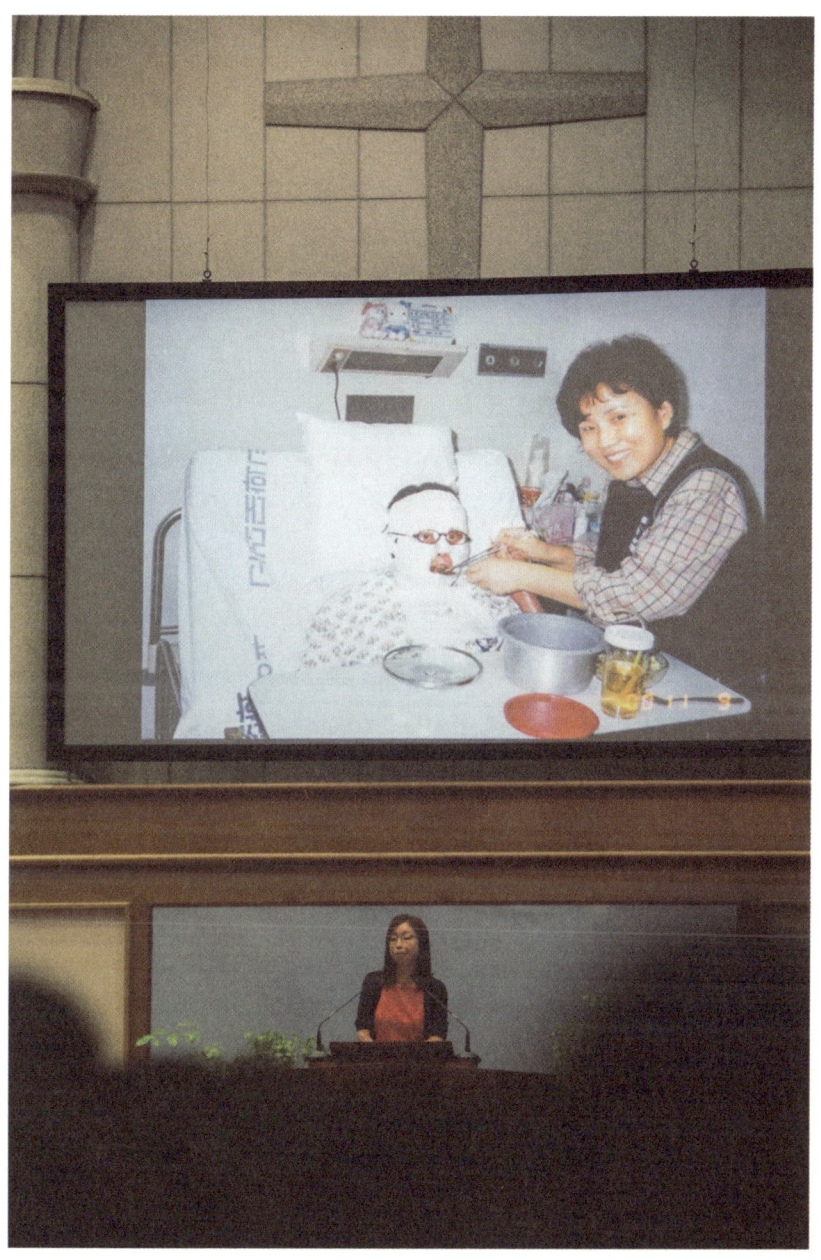

밥으로 채워지지 않는 상처

안녕하세요? 여기는 제가 어린 시절에 다녔던 교회예요. 반가운
얼굴이 많은데 불러주셔서 감사하고 설레는 마음으로 왔습니다(중략).

사고로 저는 전신에 55퍼센트 3도 화상을 입었어요. 온몸에 붕대를
감고 있었고, 다치지 않은 제 피부를 떼어다가 이식을 해야 했어요. 이식
하려면 살이 차오를 때까지 기다려야 되거든요. 그래서 매일 아침 진통
제를—실제로 마약으로 분류되는 약을—주사하고 치료실에 데리고 가
요. 치료실에 가면서 도살장에 끌려가는 소의 마음이 이럴 것 같다 생각
했어요. 살기 위해서 꼭 받아야 하는 치료였지만 정말 기억하고 싶지 않
은 순간들이었어요. 지옥에서나 들릴 법한 비명 소리 들으면서 그 치료
를 받는데 정신이 나가버렸으면 좋겠다고, 그냥 미쳐버렸으면 이런 것
도 그냥 지나갈 텐데 생각했고요. 아팠던 얘기 하면 밤도 샐 수 있을지
모르겠어요.

붕대를 다 풀어놓은 상태에서 저를 앉혀놨는데 그전까지는 누워만
있으니까 얼마나 다친 건지 화상을 입은 게 어떤 건지 모르고 있었어요.
'다쳐서 아픈가보다'라고만 생각했는데, 앉아서 보니까 화상 입은 부분
에 살색 피부가 없더라고요. 닭고기에서나 보던 빨갛고 흐늘흐늘한 살
하고 노란 지방덩어리하고 하얀 뼈의 일부분만 그대로 드러나 있었어
요. 제가 통증을 느끼는 모든 부위가 그 상태인 거잖아요. 그걸 내려다보
는 순간 '아, 내가 못 살겠구나' 생각이 드는 거예요. 실제로 제가 있었던

중환자실에서 한 달 동안 열여덟 분이 돌아가셨어요. 밤마다 사람이 죽어나가는 걸 보고 있었던 거예요.

치료실에서 돌아오니 엄마가 면회시간에 밥을 주시는데, 밥으로 채워지지 않을 상처를 봤잖아요. 그래서 엄마한테 말했어요. 내가 오늘 상처를 봤는데 살 수 있는 상황 같아 보이지 않는다고, 이제 우리도 마음의 준비를 하는 게 좋겠다고 나름 용기를 내서 말했어요.

엄마가 "다신 상처를 보지 않겠다고 약속하자" 하시고 밥을 한 알 한 알 밀어넣으면서 기도하셨어요.

"에스겔 골짜기의 마른 뼈에 살을 입히시고 힘줄을 넣으시고 가죽을 덮으시고, 생기의 영을 불어넣으셨을 때, 그 마른 뼈들이 군대가 되게 하셨던 주님. 이 밥이 지선이의 살이 되고 피부가 되게 해주세요."

그 밥을 안 받아먹을 수가 없더라고요. 엄마를 위해서라도 살아서 나가야겠다고 다짐한 순간이었어요. 살기 위해서는 아픈 거 참는 거, 밥 먹는 것밖에 없었거든요. 열심히 먹었고 열심히 참았어요.

고통의 광야에 버려진 듯한 시간

여러 차례 수술 받았고, 중환자실에서 나올 때는 얼굴하고 목을 제외한 팔이나 다리에 있는 상처들은 다치지 않은 제 피부로 표피만 얇게 떼어내 이식하고요. 얼굴하고 목은 성형외과에서 수술을 해주실 거라며 일반 병실로 내보내주었어요. 일반 병실로 나왔다는 건 더 이상 생명엔

지장이 없다는 뜻이에요. 죽을 위험이 없다는 뜻이에요. 너무 기뻤어요. 거기서 살아서 나왔다는 데 감격했어요.

그때 하나님께서 그 열여덟 분이 아니라 저를 살려서 내보내시는 데는 분명한 이유가 있을 거라고 생각했어요. 돌아가신 그분들은 누군가의 너무나 소중한 가족이에요. 제 부모님이 어떤 모습이든 살아남기를 기도했던 것처럼 그분들도 똑같은 기도를 드리셨을 텐데, 하나님께서 그분들이 아니라 저를 내보내신 데는 분명한 이유가 있을 거라고 생각했어요.

2000년에 의약분업을 이슈로 의사 선생님들이 파업을 한 적이 있어요. 혹시나 병원을 옮겨서 수술을 받을 수 있을까 했지만 파업은 전국적으로 진행되고 있었고요. 옮긴 병원에서 똑같이 진통제만 받으면서, 아주 간단한 소독만 받으면서 파업이 끝나기만 기다리고 있었어요.

파업 중에 계속 진통제를 하루에 세 대 맞았어요. 약물 중독된다고 그 이상 허락이 안 되는데, 한 대를 맞으면 세 시간 정도 효과가 가요. 세 대를 맞고 하루 스물네 시간을 버티려니까 나중에는 진통제 생각밖에 안 나는 거예요. '오늘 혹시 기록을 잘못해서 한 대 더 맞고 밤에 잠 좀 잘 수 있지 않을까.' 그런 생각을 하면서… 하나님께서 살려주셔서 여기까지 왔지만 이제 그 하나님이 나를 버리시는 건가, 광야에 나를 그냥 내어버리신 것만 같은 마음이 들기 시작했어요. 그 파업이 4개월 지속됐거든요.

한번 불이 지나간 피부는 자꾸 줄어들고 당겨지는 성질을 갖게 돼요. 눈꺼풀이 감기지 않아서 7개월간 눈을 뜨고 살았고, 입은 다물어지지도 않게 딱딱한 상태였어요. 제 몸 아픈 것은 저만 참으면 그만이라 생각했어요. 그런데 이런 딸을, 이런 동생을 보는 가족들은 훨씬 더 괴로웠을 거예요. 저희 엄마 한 번도 제 앞에서 우신 적 없지만, 병실 밖에서 굉장히 많은 눈물을 흘리셨을 거예요.

한번은 엄마가 그러시더라고요. 이렇게 사는 건 사람 사는 것 같지 않다고, 우리 한 가지씩 감사할 거리를 찾자고. 눈에 보이는 게 다 원망하고 싶은 것들이고 저주를 받은 것처럼 나빠지기만 하는 것 같았는데, 감사할 거리를 찾으니까 있더라고요. 처음 걸어서 화장실 간 날, 그날 그거 감사했어요. 숟가락 잡고 제 손으로 밥 먹은 날, 그거 감사하고요. 문고리 잡고 문을 다시 열게 된 날, 그날도 감사하고. 그것도 없으면 엄마랑, 우리 살아 있어서 목소리 들을 수 있어서 감사하다고, 말도 안 되는 감사를 했어요. 그렇게 말도 안 되는 감사를 했던 제 입술과 제 마음에, 가족들의 마음속에 진통제만으로는 결코 줄 수 없었던 마음의 평안이 찾아오기 시작했어요. 너무나 사소한 감사거리였지만 하나님께서 내일 또 다른 감사거리를 나에게 주실 거라는 기대가 생기는 거예요.

그러던 중에 의사선생님들이 파업을 끝내시고 수술해주겠다고 날짜를 잡으셨어요. 얼마나 기다리던 수술이었는데요. 당연히 얼굴 수술을 받게 되고 이 고통이 끝날 거라고 기대했는데, 의사선생님 하시는 말씀이 "손끝이 다 타서 살릴 수 없게 되었다"고 한 마디씩 절단해야 한다는 거예요.

그 얘기를 듣고 나도 좀 울어야겠단 생각이 들었어요. 울어도 되겠단 생각이 드는 거예요. 병실이 떠나가라 비련의 여주인공이라도 된 듯 소리를 내서 엉엉 울었어요. 엉엉 울고 있는 제 마음에 또 다른 소리가 들렸어요. '지선아, 울지 마. 살아 있잖아. 너 이 모습으로 끝나는 거 아니잖아' 하는 소리가 제 안에 있었어요.

눈물을 그치고 기도하기 시작했어요. 하나님, 그러면 짧아지더라도 좀 쓸 수 있는 손이 되게 해주세요. 이 손 피부가 다 이식받은 피부예요. 피부 이식수술을 해놓으면 그대로 있지 않고 자꾸 줄어들어요. 계속 당겨져서 손가락이 손등 쪽으로 꺾어지기도 한대요. 짧아지더라도 힘을 쓸 수 있게 되어서 엄마 힘 없이 내 힘으로 살아갈 수 있게 해달라고, 부끄러운 손이 되지 않게 해달라고 기도했어요.

"지선아, 사랑해…"

사고 나고 7개월 만에 드디어 얼굴이 표피를 갖게 되었어요. 피부를 아주 얇게 떼어다가 조각조각 이식을 한 거예요. 저 사진을 찍을 때만 해도 이제 딱지만 다 정리되고 거즈만 떼어내면 예전 모습으로 돌아갈 거라고, 학교도 다시 가고 성가대에 다시 서게 될 거라고 기대하고 있었어요.

그런데 팔에 이식한 피부들이 줄어든 것과 똑같이 얼굴하고 목에 이식한 피부들이 줄어들기 시작했어요. 저 사진을 찍고 한 열흘 뒤에 퇴원했는데, 저 모습도 아닐 만큼 변형이 심하게 됐어요. 목 피부가 줄어들면서 턱이 내려앉고 입을 다물 수 없게 되고, 입을 못 다무니까 침을 흘리게 되는 거예요. 침이 얼마나 많은지 수건을 물고 있지 않으면 앉아 있을 수가 없더라고요. 전혀 기대하지 않았던 얼굴로 치료가 끝났다고 퇴원을 시켜주더라고요.

현실을 보고 나니까 마음에 절망이 오더라고요. 절망을 가득 채우고 나니까 제가 할 수 있는 선택은 딱 두 가지밖에 없었어요. 하나는 아파트 옥상에 올라가는 것, 또 하나는 하나님을 찾는 거였어요. 엄마한테 교회에 가자 했어요. 한번 따져봐야겠더라고요. 토요일 밤에 아무도 없는 교회에서 불도 못 켜고 기도를 했어요.

하나님, 어떡하실 거예요. 살려놨으면 대책이 있을 거 아니에요. 그렇게 전지전능하시다면서 어떻게 나에겐 아무것도 하지 않으시냐고 울었어요. 몇 시간을 울었는데 하나님 대답이 없으시더라고요. 종종 그러시는 편이잖아요.

그 다음에 예배 시간에 가서 남들이 볼까봐 모자를 눌러 쓰고 마스크를 하고, 흘러내리는 침 때문에 수건을 물고 앉았는데… 사람이 이보다 더 초라해질 수 있을까, 내가 여기보다 더 떨어질 바닥은 없을 것 같다는 생각이 드는 거예요.

예배가 끝나고 목사님이 제 앞으로 오셨어요. 이렇게 안아주시면서 하나님이 저를 사랑하신다는 거예요. 저도 사랑할 수 없는 모습을 하고 있는 저를. 그건 더 이상 목사님의 기도가 아니고 저를 사랑하신다는 그분께서 목사님 모습을 통해서 말씀하고 계셨고, 그 말씀이 제 귀로 제 마음으로 들어오기 시작했어요. 위로하시면서 두 가지 말씀을 하셨어요. 너를 세상 가운데 반드시 다시 세우겠다고. 그리고 병들고 힘들고 약한 사람들에게 희망의 메시지가 되게 할 거라고. 말도 안 되는 얘기를 하시는 거예요. 근데 그게 믿어지더라고요. 나는 할 수가 없는 일이지만 하나님이라면 하실 수 있을 것 같다는 믿음이 제 마음에 생긴 거예요. 이 얼굴이 예전처럼 회복될 거라는, 내가 정말 듣고 싶었던 약속은 아니었지만, 다 끝난 것 같은 제 인생에 하나님 계획이 있으시다는 거예요. 그래서 한 번 더 살아보기로 결정했어요.

어떤 삶이더라도 누군가에겐 희망이다

집에 돌아와서 거울을 볼 수 있는 마음이, 용기가 생기기 시작했어요. 처음에는 거울에서 최대한 멀리 떨어져 섰어요. 너무 어색한 거예요. 처음 보는 얼굴이라서 뭐라고 해야 할 것 같아서, 인사했어요. "안녕, 지선아." 볼 때마다 인사했어요. 자꾸 보니까 정 드는 얼굴이더라고요. 몇 주가 지나서 정말 가까이서 이게 내 얼굴이구나, 나 이제 이렇게 생겼구나, 제가 받아들이기 시작했어요. 저처럼 얼굴에 화상을 입은 사람들이 집에 돌아가서 자살 시도를 많이 한대요. 제 모습을 인정하고 안아주고 다시 사랑할 수 있게 하나님께서 제 안에 사랑을 불어넣어주신 거예요.

제가 얼굴뿐만 아니라 목도 많이 다쳤었는데, 목에 이식한 피부가 점점 당겨져서 턱도 내려앉고 척추가 휘어졌어요. 척추에 압박 골절이라는 것도 생기고, 늘 땅만 보고 걸을 수밖에 없게 되었어요. 척추를 펴지 못한다는 게 참 힘든 일이더라고요. 여러 차례 수술을 받았지만 별로 나아지지 않았어요. 그래서 일본에 가게 되었어요. 12시간 수술을 받았는데, 피부가 다 녹아버려서 16시간 동안 재수술을 받아야 했어요.

수술이 끝나고 혼자 숨을 못 쉬어서 튜브를 끼우고, 기도가 막힐 때마다 석션(suction)을 하면서 이틀을 있었어요. 정신이 말짱한데 호흡기를 끼고 있는 게 참 고통스러운 일이더라고요. 부끄럽지만, 할 수만 있으면 호흡기를 뽑고 천국 가는 게 낫겠다 그런 생각도 했었어요. 지금 저 사진을 보면, 기계에 의존하지 않아도 너무나 자연스럽게 제가 계획하지 않아도 숨 쉬고 있다는 사실에 다시 한 번 감사하게 돼요. 고생은 좀 했지만, 일본에서 돌아올 때 지금 보시는 것처럼 이렇게 똑바로 서서 눈 마주치고 이야기할 수 있게 되고, 고개 들면 하늘을 볼 수 있게 되었어요.

《지선아 사랑해》 책을 내고는 참 많은 분들에게 편지를 받았어요. 어떤 분은 그만 살고 싶어서 약을 먹었던 사람이라고, 지선 씨 책을 보고 다시 살아보기로 했다고, 고맙다고 구구절절 써서 보내셨어요. 얼마나 감사했는지 몰라요. 세상 사람들이 보기엔 너무 불쌍해 보이는 제 삶이 누군가에게 희망을 전한다는 게 기뻤어요.

지금
이 삶을 사는
이유

사고를 만나기 전 이지선 씨는 이화여대 유아교육과 4학년으로 대학원 진학을 준비하고 있었다. 어느 모로 보나 남부러울 것이 없었을 것 같은데, 뜻밖에 대학 시절이 그다지 행복하지 않았다고 털어놓았다.

"저 대학교 때 별로 재미없었어요. 목표도 없고 애매모호했어요. 지금 생각해보면 남들 하는 거 다 하고 싶은 것이었지, 내가 하고 싶은 게 없었어요. 남들이 부러워할 만한 것을 갖고 싶은 마음만 아주 막연하게 있었고, 그러니까 마음이 채워지지 않았던 것 같아요. 늘 공허하고, 미팅도 소개팅도 많이 하지만 잘 되지 않았어요."

그가 힐링캠프에 출연한 후 '이지선 과거 사진'이라는 검색어가 인터넷을 달구었다. 그 사진들에서 보듯 앳되고 예쁜 얼굴이었는데 왜 미팅, 소개팅에서 훌륭한 성적을 내지 못했을까 의아해진다.

"지금 생각해보면 한 인간을 좋아하는 게 아니라 내 남자친구가 필요한 거였어요. 누군가 한 사람을 좋아하는 건 아주 아름다운 일이잖아요. 그런데 그때 저는 단지 남들이 부러워할 만한 남자친구를 가지고 싶었던 것 같아요. 그러니 항상 잘 안 되죠."

눈에 보이지 않는 보물

　사진 얘기가 나온 김에, 이 책에 사고 전 사진을 실을까 말까 잠시 의논을 했다. 예전에 예뻤다는 사실이 더 큰 안타까움이나 감동을 주는 면도 있지만, 역설적으로 외모지상주의를 부추기는 듯한 인상을 줄 수 있다는 것이 나는 마음에 걸렸다. 그는 사고 전 사진을 "실으나 안 실으나 저는 상관없어요" 하고 무심하게 대답하고는 비슷한 질문을 받았던 경험을 들려주었다.

　"전에 어느 대학 채플에 갔다가 이런 질문 받은 적이 있어요. '외모 지상주의에 오히려 편승한 것 아니냐. 게다가 이대 나왔다는 것 때문에 더 주목받고 그런 점에서 혜택을 받는 거 아니냐.' 내가 뭐, 남의 사진 갖다 쓰는 것도 아니고—좀 잘 나온 사진을 쓰는 것이긴 하지만—이대를 안 나온 것도 아니고 어떡하냐, 그랬는데. 제가 생각해도 남들이 봤을 때 드라마틱하게 느껴지겠다 싶어요."

　그는 심각하게 생각하기보다 깔깔 웃고 넘기길 잘하는 성격 같다. 성가대에서 노래하는 사진을 설명하면서도 웃으면서 이렇게 말한다.

　"특별한 날이어서 열심히 하라고 마이크를 주셨어요. 열심히 노래했는데, 끝나고 나니 네 마이크 꺼져 있었다 하시더라고요. 하하."

　그런데 옛날 저 모습으로 돌아갈 수 있다면 어떻게 하겠냐 누가 물으면, 돌아가고 싶지 않다고 하겠단다. 마음속에 소중한 보물이 있으니 지금 얼굴이든 예전 얼굴이든 상관없게 되었다고.

　"정말 중요한 것, 영원한 것은 눈에 보이지 않는 것 같아요. 눈에 보이는 것을 참 많이 잃었어요. 한때는 모든 것을 잃었다고 좌절한 적이 있었지만, 저 모습과 바꾸고 싶지 않은 걸 너무나 많이 얻었어요. 어떤 분은 어떻게 24시간 저 마음이겠냐 하세요. 그렇지만 그게 제 진심이에요. 이 얼굴이든 예전 얼굴이든 상관없게 된 거예요. 이 모습으로도 행복하게 살 수 있게 됐어요. 사람들이 상상하지 못할 만큼 제가 행복과 기쁨을 누리며 살고 있어요. 제가 받은 고난은 사실은 너무나 짧고 가벼운 거라 생각해요, 제가 받은 보물에 비하면요."

그러나 처음에는 항상 모자를 쓰고 양산을 쓰고 다녔다. 이식한 피부가 햇빛을 쬐면 안 된다는 이유도 있었지만 방패처럼 가리기 위한 목적도 있었다. 모자나 양산을 쓰면 다른 사람은 나를 볼지라도 내 눈에는 다른 사람이 보이지 않게 할 수 있었다. 그러다가 일본에 갔더니 사람들이 자기를 전혀 쳐다보지 않아서 신기했다 한다. 그 뒤로 모자를 벗고 다니기 시작했다.

요즘은 우리나라에서도 신기한 듯이 남을 쳐다보는 일이 줄었지만 10년 전 처음 병원 밖을 나왔을 때에는 낯선 사람들이 상처가 되는 말을 아무렇지도 않게 내뱉었다. 귀가 들리지 않거나 지능이 모자라서 이해하지 못할 것이라 생각하는 건가 싶을 정도여서 화가 날 때가 많았다.

"대부분은 단순한 호기심에서 '어쩌다 저렇게 됐을까, 사연이 매우 궁금하다'는 거였어요."

지레짐작으로 넘겨짚고 불쌍히 여기는 눈길도 불편하기는 마찬가지다. 목욕탕에 가면 "어쩌다 이렇게 많이 다쳤느냐, 고생 엄청 했겠다" 하고 측은하다는 듯이 이야기하는 사람들도 만나는데, 지금은 괜찮아졌지만 전에는 그런 말을 듣는 것도 불편했다 한다.

측은하게 여기는 마음뿐만 아니라 감동으로 벅차오르는 마음 가운데도 혹시 사람들의 안도감이 섞여 있지는 않을까. 내가 삐딱한 질문을 했다.

"한동안은 강연 끝날 때 그렇게 말한 적이 있어요. 지금 여러분이 나는 저러지 않아서 감사하다든가, 쟤는 저런데 난 열심히 살아야지 이런 마음이라면 사실 아주 위험하다고. 지금은 나를 보니까 그런 마음이 들지만 당장 나가서 김태희를 티비로 보면 바로 그 마음은 불행이거든요. 비교를 통해서 감동을, 감사를 얻는다는 게 위험하다, 절대 나와 남의 상황을 비교해서 감사를 얻거나 평화를 찾지 마시라 그런 말을 하죠."

참 똑똑하고도 생각이 깊다. 내가 감탄을 했더니 "사고 후 13년이나 됐고 많이 아프다보니 생각을 많이 하게 됐다"며 사실은 "상식이 부족하고 무식하다고 엄마한테 타박을 듣는다"고 웃으며 말한다.

첫 피부이식 수술 후, 그는 오빠가 그를 업고 행복해하는 사진을 미니홈피에 올린 적이 있었다. 그의 표현에 따르면 '영화 〈스크림〉의 가면 같은 얼굴'을 한 동생을 업고도 행복해하는 오빠의 표정이 좋아서 조심스럽게 올렸다. 대부분 사진이 좋다는 반응을 보였지만 '무섭고 징그럽고 혐오스럽다'고 말하는 솔직한 사람들도 있었다.

"그런 얘기 들으면 마음이 무너졌어요. 마음이 막 요동을 치는 순간, 제가 깨닫지 못했던 사실 하나를 깨닫게 됐어요. 제 눈이 그분들 눈

같지 않은 게 너무 감사하더라고요. 거울을 볼 때마다 무섭고 징그러워 보였으면 저 못 살아요. 어떻게 살아요. 저때 돌아보면 지금도 귀엽다고 생각해요."

내가 나를 생각하는 것과 남이 나를 생각하는 게 너무 달라진 것이, 갑자기 그렇게 된 것이 말할 수 없이 힘들었다. 그러다가 "사랑하는 딸아"라고 부르시는 하나님, 변함없이 자신을 받아주는 가족, 친구들 덕에 조금씩 다른 사람들이 나를 어떻게 보는가에 대해 불편을 덜 느끼기 시작했다. 그리고 자기 안에 다른 기준이 자리를 잡아갔다.

"지금 옛날 사진을 보면 가족들이 어떻게 이런 얼굴을 보면서도 내 농담에 웃어줬을까 싶어요. 제 얼굴을 보기만 해도 진짜 불쌍했을 텐데 말이에요. 그런데도 겉모습이 아닌 그 안에 있는 저를 보아준 거잖아요. 그렇게 가족들의 사랑을 받으면서 힘을 받았던 것 같아요. 저희 오빠가 늘 그랬어요. 그래도 이만하면 귀엽다, 이만하면 귀엽다. 결국은 '변치 않는 뭔가가 내 안에 있다면 그게 진짜다'라는 걸 깨달으면서 받아들여가게 됐던 것 같아요."

그는 예전에 꾸미고 화장하고 거울 보기 좋아하는 '공주과' 여대생이었다. "미용실에서 생각보다 5밀리만 짧게 앞머리가 잘라져도 거울 볼 때마다 잡아당기던" 사람이었다. 이 인터뷰를 하던 날에는 날씬한 몸매에 잘 맞는 단정한 검정 원피스를 입고 왔는데, 사진 촬영을 위해 빨간 하이힐을 챙겨오는 정성까지 보였다.

"한 달이면 자랄 머리를 가지고도 그러는 게 여자 마음이잖아요. 그런데 한 달이 지나도 수술을 받아도 별로 나아지지 않는데 예전 사진을 치우지 않고 편안하게 볼 수 있었던 건… 하나님이 주신 선물이었다고 생각해요. 제 마음에 일어난 이 놀라운 평화는 설명할 길이 없어요."

비슷한 처지 돕고파 장애인 사회복지 공부

몇 가지를 잃고 나니까 남겨진 것에 감사하게 되었을 뿐 아니라 아프면서 얻은 것도 많았다.

"저는 이만큼 좋아진 것도 감사할 일이라 생각하고 잘 살고 있지만, 사람들은 아직도 저를 보면 '아유, 이게 수술 다 끝난 거예요? 더 할 수 없어요?' 물어요. 근데 지금 이 얼굴이어도 제 마음에 담은 것들이 정말 많아요. 제가 사고 전에 전혀 누리지 못했던 행복들을 알게 됐거든요. 그래서 어마어마한 일이 일어나지 않아도 엄청난 행복한 사건이 일어나지 않아도 그냥 행복하게 사는 것 같아요."

그래서 '고난이 축복'이라고 책에 쓴 모양이다. 고난을 겪으면서 감사와 행복을 알게 된 것도 고마운 일이지만, 자신의 소명을 발견하게 된 것도 큰 축복일 것 같다. 그는 고난을 겪으면서 장애인들을 위해 헌신하고 싶은 열정과 의지를 갖게 되었다. 요즘 젊은이들 중에는 하고 싶은 일을 찾지 못해 맥없이 사는 이들도 있는데 그런 큰 고난을 겪지 않은 사람이 소명을 찾는 방법은 뭐 없을까, 하고 내가 우문을 던졌다.

"아휴, 어떻게 찾아야 되나."

그가 한숨을 폭 쉰다. 솔직해서 귀엽기까지 하다. 그런데 그 뒤에

덧붙이는 말에 마음이 짠해진다.

"고난이 축복이라는 것은 결론적으로 쓴 말이었는데, 지날 때는 너무너무 아팠어요. 고난이 축복이니까 다시 아플래? 하고 누가 묻는다면 '못 하겠어요' 할 거예요."

그는 병원에서 아픈 사람들의 마음을 알게 되었다. 그 마음을 알고 나니 장애인에게 도움을 줄 수 있는 공부를 하고 싶어졌다.

"누가 봐도 사회의 제일 밑바닥에, 아무도 관심 가져주지 않는 그 사람들 무리에 제가 섞이게 되면서 아, 여기에 있는 마음이 이런 거구나, 알게 됐어요. 그래도 저는 가족이나 교회의 지원과 사랑을 너무나 많이 받았거든요. 그래서 다시 이렇게 제자리로 돌아올 수 있었는데, 가족의 지원을 받기 어려운 사람도 너무 많더라고요. 내가 이런 이들을 돕는 일을 할 수 있었으면 좋겠다고 막연하게 생각했어요."

병원에서 만난 사람들에게 자신이 가진 것, 자신이 알고 있는 정보를 나눠주는 것 말고는 할 수 있는 게 없어서 안타까웠던 그는 지속적으로 도움 되는 일을 할 수 있으면 좋겠다고 생각했다. 보스턴 대학에서 재활상담학을 공부하고 컬럼비아 대학에서 사회복지학 석사 학위를 받았다. 전공을 바꾼 이유를 물었더니 "상담이 좀 어렵더라고요" 하면서 그가 웃음을 터뜨린다. 그러고는 진짜 이유도 이렇게 덧붙였다.

"공부하면서 한 사람을 변화시키는 일보다는 시스템의 변화가 필요하단 생각이 더 많이 들어서 전공을 바꿔 사회복지를 공부하게 됐어요."

장애인들을 도울 수 있는 공부를 하고 싶다는 생각을 가지게 되었지만 집안 형편이 유학을 보낼 정도는 아니어서, 한동안 "그냥 막연하게" 생각만 품고 있었다. 외국 유학을 생각했던 것은 "그때 사실 한국에서 학교를 다닐 용기가 나지 않았던 것" 때문이기도 하다고 그는 털어놓았다.

그러던 차에 어떤 돌잔치에 갔다가 목사님 한 분을 만났다. 뭘 하고 싶으냐 물으시기에 공부를 하고 싶다고 답했더니, 한국 교회가 해야 될 일을 해주겠다 하시면서 장학금을 주셨다. 그분은 "돌아와서 우리 교회에 뭘 갚아야 된다는 생각은 하지 말아라, 이렇게 멋있는 말도 하셨다"며 그가 고마운 마음을 드러냈다.

"신앙이 없으시면 이해가 안 될 수도 있지만" 하고 말문을 열며 그는 자기 길을 찾아 나아간 과정을 이렇게 설명한다.

"내가 이제 어떻게 살아야 되지, 나는 어떻게 되는 거지, 인생의 바닥을 경험하고 그런 절망 중에 있을 때 내 인생의 주인이 따로 있다는 걸 깨달았어요. 그 이후 마음이 되게 편안해졌어요. 그러면서 자연스럽게 저를 도와주는 사람들이 생기고, 공부하고 싶다고 기도하고 꿈꿨는데 공부를 하게 되고, 하다보니까 그 길을 가게 되고… 내 인생에 내가 시나리오를 쓰고 내가 감독을 하는 게 아니더라고요. 시나리오를 쓰고 감독하시는 분이 따로 있었고 그 시나리오대로—로봇처럼 움직이는 건 아니지만—큰 줄기 아래 제가 가고 있는 것 같아요."

인생은
마라톤,
끝까지 가봐야
안다

이지선 씨는 마라톤을 두 번 완주했다. 뉴욕 마라톤 대회에 참가해 7시간 22분의 기록으로 완주했고, 그 뒤에 서울에서도 한 번 더 42.195킬로미터를 뛰었다.

뉴욕 마라톤에 참가한 것은 푸르메재단의 기금 마련을 위해서였다. 그는 10여 년 전부터 장애인을 위한 전문 재활병원을 짓는 것을 목적으로 하는 푸르메재단의 홍보대사로 활동해왔는데 "거기서 하자는 일은 다 하고 있다" 한다. 마침 그때 그가 뉴욕에 살고 있기도 해서 장애인 마라토너들과 함께 뛰어보기로 선뜻 마음을 냈다. "멋있잖아! 내가 언제 마라톤을 해보겠어" 하면서. 대회 전날 기자간담회를 하고 다음날 달릴 코스를 차를 타고 돌아보고는 그제야 그게 얼마나 먼 거리인지 실감이 났다.

"42.195킬로미터는 버스로 가기에도 너무나 먼 거리더라고요. 그제야 주제 파악을 하고, 교통카드를 제일 먼저 주머니에 넣었어요. 조금 뛰다가 힘들면 지하철 타고 집에 가려고요."

2009년 11월 1일, 전 세계에서 온 3만 5000명의 마라토너들과 함께 뉴욕 마라톤 대회의 출발선에 섰다. 유별나게 차려입은 마라토너들 구경도 해가면서 가벼운 마음으로 출발했다. 걷다가 뛰다가 15킬로미터를 가고 나니 하프 지점까지는 갈 수 있겠다 싶었다. 21킬로미터의 하프 지점을 통과하고 나니 30킬로미터까지만 가보자, 이렇게 조금씩 가다보니 이미 너무 멀리 걸어왔고, 언제 그만두어야 할지 알 수가 없었다.

"그만 뛰겠다고 바리게이드를 뛰어넘는 것도 용기가 엄청나게 필요한 일이었어요. 계속 걸었죠. 하프 지점을 지나고 30킬로까지 지났어요. 혼자 하면서 8킬로 걸어본 게 다였는데, 이미 제 다리가 아니었어요. 발목에서 시작된 통증이 무릎으로 고관절로 올라오고, 한 발자국 내디디기가 쉽지 않았어요. 주저앉아 있으면 누가 지나가다가 바나나도 나눠주시고, 또 태극기 달고 있는 걸 보고 '한국 힘내라' 하면 나라 생각해서 또 한 발 가고, 너무 힘든데 그만 뛸 수가 없는 거예요. 사람들이 왜 인생이 마라톤 같다고 하는지, 마라톤이 인생 같다고 하는지 알 것 같았어요. 누구 하나 여기서 그만둬도 된다고 말해주는 사람 없고요. 거의 다 왔다, 거의 다 왔다고만 하시고 정말 어디에서 그만둬야 할지 몰라서 계속 걸었어요."

죽을 것 같은 고비가 죽는 건 아니다

중간에 주저앉았다가 울기도 하다가 "난리를 치면서" 그래도 계속 걸었다. 응원하는 사람들도 다들 돌아가고 레인도 이미 다 치워져 혼자

가고 있는데 "이지선 파이팅, 푸르메재단 파이팅"이라고 쓴 피켓이 보였다. 한국 유학생인 듯한 이가 피켓을 들고 길목에 서서 기다리고 있었다.

"35킬로미터쯤에서 그만둘까 말까 한참 고민했는데, 그때 힘들어하는 저를 보고 집에 가서 급히 그걸 만들어 오셨나봐요. 그분이 너무 고마웠어요. 경황이 없어서 이름도 못 물어봤어요."

이름이라도 물어볼걸, 하고 아쉬워하는 그의 말에서 뜨거운 고마움이 전해져왔다. 신기하게도 그 한 사람을 만난 뒤로 마지막 7킬로를 쉽게 갈 수 있었다.

"누군가의 응원이 있으면 다리를 질질 끌고 가다가도 다리에 막 힘이 나더라고요. 마지막에 5미터는 뛰어 들어갈 정도였어요. 아무도 내가 완주할 수 있을 거라 생각하지 않았는데 내가 조금씩 조금씩 목표를 삼아서 하다보니까 누군가의 응원의 힘으로 여기까지 왔던 것처럼, 푸르메재단도 이렇게 한 발자국씩 사람들의 힘을 얻어서 가면 갈 수 있겠다 생각했어요."

대회 전날 조그만 식당에서 기자간담회를 할 때 그는 '장애인 재활병원을 짓는 게 보통 어려운 일이 아니구나' 새삼 깨달았다. "돈도 얼마 없으면서 350억이나 드는 장애인 재활병원을 짓겠다 하니 기자들이 기가 찬다는 듯한 표정을 짓고 있었"던 것이다.

그러나 7시간 넘게 달리면서, 포기하지 않고 조금씩 끝까지 달리면 장애인 재활병원 설립이라는 목표도 이룰 수 있겠다는 자신감을 얻었다.

"착한 마음을 가지고 시작한 일이 끝까지 갈 수 있으면 좋겠다는 마음이었어요. 제 인생도 그런 것 같아요. 장애인에게 도움이 되는 일을 하는 것이 목표인데… 지금은 공부하니까 사실 제일 쉬운 시간일 수도 있어요. 마라톤 하면서 앞으로의 길도 내가 이 레인만 벗어나지 않으면 끝까지 갈 수 있겠다 생각했어요. 그날 분명히 그만두고 싶고 죽을 것 같은 고비가 있었거든요. 가만 보니까 죽을 것 같은 거지, 죽는 건 아니더라고요. 42.195킬로미터는 저에게는 절대로 할 수 없는 일, 기적과 같은 숫자였어요. 그런데 포기하지 않으니까 제 안에 또 다른 기적이 일어나더라고요."

누군가의 응원 한마디가 만드는 기적

피켓을 만들어 와서 응원해준 사람 이야기를 들으면서 나는 한참 딴청을 피우고 있었다. 눈물이 떨어질 것 같아서 고개를 숙이고 눈을 깜빡거리느라 바빴던 것이다. 응원해준 사람의 착한 마음과 용기가 아름다워서, 또 나도 그렇게 그를 응원해주고 싶은 마음이 간절해서 울컥해졌던 것 같다. 이렇게 물렁해진 마음으로 그의 아팠던 시절 이야기는 또 어떻게 듣나 걱정이 앞섰다(근황부터 시작해 시간을 거슬러 올라가며 이야기를 나누고 있었다). 눈물 줄줄 흘리면서 인터뷰를 할 수는 없는 일 아닌가. 조카를 데리러 유치원에 가야 할 시간이 다 됐고, 며칠 뒤 교회에서 간증을 할 예정이라는 그의 말에 나는 안도의 한숨을 내쉬었다. 아팠던 시절 이야기는 교회에서 듣고 글로 옮길 수 있겠다 싶었다.

그의 앞날이 어떻게 될지 정말 궁금하고 기대가 되어서 "이 드라마

틱한 인생을 영화로 만든다면 결말을 어떻게 해야 잘 어울릴지"를 마지막으로 물었다.

"사실 제가 영화 제의 몇 번 받았었어요. 거의 계약서 쓰는 단계까지 진행했는데 결국은 안 됐어요. 근데 저한테도 결말을 어떻게 할지가 의문이더라고요. 지금 상황에서 영화가 끝나게 할 수는 없을 테고 결론을 내야 되는데, 제가 아직 가지 않은 시간에 대해서 결론을 내야 하는게 큰 부담이더라고요. 그리고 '어, 이렇게는 쓰지 마세요' 하고 제가 말할 수 없는 문제고, 그래서 그만뒀어요. 지금 생각하면 다행이란 생각이들어요. 추상적으로 말하면, 제가 거기서 살아 나온 데는 분명한 이유가있다고 믿으니까… 딴 길 안 가고 그 이유대로 목적대로 잘 살아야겠다생각해요. 가끔, 이제 와서 이런 생각도 들어요. '이 공부는 왜 시작한 거야. 굳이 내가 이걸 해야 되나. 나 혼자 잘 먹고 잘 살면 안 되나.' 그러다가도 '정신 차려야지, 지금 이 삶을 사는 이유가 있는데 이제 와서 내 맘대로 살겠다고 하면 안 되지.' 이렇게 다짐해요."

며칠 뒤 나는 생전 처음으로 교회에 가서 예배를 보았다. 눈물을 찍어내다 말고 웃음을 터뜨리고 때때로 감동의 감탄사를 낮게 내지르는사람들 사이에 섞여 이지선 씨의 이야기를 들었다.

이야기를 마친 그와 함께 사진을 찍고 사인을 받으려는 사람들이겹겹이 둘러쌌다. 사람들은 어느새 모두 기쁘고 행복한 표정이었고, 어린아이들과 청소년들은 연예인을 만난 듯 흥분을 감추지 못했다.

교회를 나오면서 지금 저 모습이 영화의 마지막 장면이 되어도 좋겠다 싶었다. 무엇이 되지 않아도, 또는 무슨 일이 벌어졌더라도 바로 지금 행복을 느끼는 것, 나아가 행복을 나누어주는 것이야말로 가장 큰 기적일 테니까. ⓗ

"제 마음에 일어난
이 놀라운 평화는
설명할 길이
없어요."

"제 신조는 즐겁고
재미있는 일을 하면
가장 쉽게 할 수 있고,
잘할 수 있다는 거예요.
그래서 배우들한테도
종종 이렇게 물어봐요.
지금 즐겁니?"
김문정

2011년, 한 일간지에서 뮤지컬 배우들을 대상으로
조사한 결과, 배우들 다수가 가장 선호하는
음악감독으로 김문정 감독을 꼽았다.
김문정 감독은 뮤지컬계의 한 해를 결산하는
시상식에서 음악감독상을 여러 해 연거푸 받았다.
창작 뮤지컬 〈내 마음의 풍금〉으로 2008년
한국뮤지컬대상 작곡상을 받기도 했다.

그는 서울예대 실용음악과 졸업 후 텔레비전
토크쇼에서 키보드를 연주하기도 하고,
이문세·변진섭·김장훈 콘서트 세션으로도 활동했다.
〈성공시대〉 음악 같은 방송음악도 많이 작곡하고
CF 음악도 만들었는데, 그런 게 다 그에겐 "재밌었다."
그런 다양한 경험을 거친 뒤 이제 최고의 뮤지컬
음악감독으로 손꼽히는 그는 한 해에 10편이 넘는
작품을 맡는다. 최근 참여한 작품만 꼽아도
〈광화문 연가〉, 〈엘리자벳〉, 〈레미제라블〉,
〈맘마미아〉, 〈맨 오브 라만차〉, 〈모차르트〉,
〈미스사이공〉, 〈영웅〉 등 굵직하고 소문난
작품들이 수두룩하다.

오래 전 뮤지컬 〈아가씨와 건달들〉을 보고서 이야기와 춤과 노래가 착착 어우러지는 역동적인 무대가 어찌나 신나던지, 앞으로 무대에 오르는 뮤지컬은 모두 보고 말겠다고 결심했다. 하지만 그 뒤로 뮤지컬을 별로 만날 수 없었고, 〈명성황후〉 이후 한국 뮤지컬이 뜰 때 즈음에는 내 인생 자체가 역동적으로 돌아가는 바람에 〈지하철 1호선〉을 끝으로 내 뮤지컬 관람의 역사는 끝이 나고 말았다. 참, 공짜 표가 생겨서 본 〈미스 사이공〉도 있다.

〈미스 사이공〉을 보았다는 말에 김문정 음악감독은 자신이 했던 작품이라고 무척 반가워했다. 지하철역에만 가도 뮤지컬 공연 포스터가 줄줄이 붙은 이 시절에 내가 본 뮤지컬을 한 손으로 다 꼽을 수 있으니 주눅 들고 창피해지려던 참이었다. 그런데 잘나가는 뮤지컬 음악감독이 자신의 작품을 봐주어 반갑고 감사하다는 표정을 지으니, 그 순간 나는 갑자기 태도가 돌변하여 "그건 베트남전을 단지 재난 정도로, 또는 미군의 시각에서만 보는 거 아니에요?"라고 계획에 없던 뜬금없는 질문을 던지고 말았다. 의기양양하게 이런 질문을 던졌지만 그는 편안하게 받아들였다.

겸손하고 온화하고 친근하고, 상대를 편하게 해주는 사람. 그 비결은 무엇보다 자신이 편안하기 때문인 것 같다. 자신이 편안해서 상대를 편안하게 해주는 그를 〈레미제라블〉 공연을 몇 시간 앞두고 음악감독 대기실에서 만났다.

성공 비결?
즐겁게 일하는 것!

뮤지컬 음악감독 김문정

그 일을
좋아하면
쉽게, 또
잘할 수 있다

김문정 감독이 말하는 음악감독은 '음악에 관한 것을 처음부터 끝까지 책임지는 사람'이다. 오디션은 어떻게 진행돼야 되고, 어떤 배우가 필요하고, 노래는 어떻게 하고, 어떤 식으로 소리를 내고, 오케스트라는 몇 명이 있어야 되는지 등을 모두 총괄하는 사람인 것이다.

김문정 감독 외에도 현재 뮤지컬 음악감독으로 손꼽히는 사람들은 다 여성이다. 연극이나 영화감독, 운동 팀 감독, 그리고 공사장 감독까지 여러 사람을 이끌어가는 역할을 하는 책임자의 위치를 맡는 사람들 중에는 사실상 아직까지 여성이 드물다. 그런데 한국 뮤지컬계에 무슨 일이 있었기에 음악감독은 죄다 여성이 맡고 있는 걸까.

"어느 순간에 그렇게 된 것 같아요. 여자가 섬세하고 음악적 감각이 뛰어나기 때문이라고 얘기하는 사람도 있는데, 사실 여자보다 더 섬세한 남자도 많거든요. 남자보다 더 강인한 여자도 많고요. 특이하게 우리나라엔 여자 음악감독이 많아요. 그걸 보고 외국 사람들이 놀라죠. 여자가 멀티 기능이 뛰어나다는 얘기가 있는데, 그래서일까요?"

예전에는 음악감독을 직업으로 삼기엔 불안정한 일로 보여서, 생계가 보장되지 않아서, 남성들이 기피하는 편이어서 그렇게 됐다는 설도 있다. 그러나 뮤지컬 공연이 엄청나게 많아진 요즘은 그렇지 않다. "여자들이 하고 있으니까 여자들이 더 관심을 갖는 것"도 유례없는 여성 직종이 된 이유일 것이다.

만약 처음에 남자들이 먼저 자리를 꿰차고 앉았으면 여자들이 비집고 들어가기 어려웠을 것이다. 그랬다면 '멀티태스킹을 잘하는 여자들이 음악감독 일도 잘한다'는 표현 대신, '수많은 사람들을 이끌고 가면서 큰 작품을 무대에 올리는 건 여자가 하기 힘든 일'이라는 생각이 자리를 잡았을지도 모른다.

"제 신조는 가장 즐겁고 재미있는 일을 하면 가장 쉽게 할 수 있고, 돈도 잘 벌 수 있다는 거예요. 그래서 배우들한테도 종종 이렇게 물어봐요. 지금 즐겁니?"

사람들은 즐겁게 일할 때 결과도 좋고 만족스러운 성과도 낼 수 있다는 것을 삶 속에서 경험으로 알았지만, 말처럼 쉬운 일은 아니다. 연주도 연기도 노래도 흥이 있어야, 감정이 있어야 잘 나오는 것이어서 윽박지르거나 옥죄는 분위기에서는 좋은 결과가 나오지 않는다. 그래서 연주자들과 배우들에게 "좋아서 하는 일이니 즐겁게 하자"고 강조한다.

그는 연주자들이 힘들어할 때 "우리는 스스로 원해서 이 일을 하는 것이지 부모님이 억지로 시켜서, 누가 하라고 강요해서 이 자리에 있는 게 아니지 않나, 그런 사람 있으면 손들어보라"고 한다. 그러면 손드는 사람이 아무도 없단다. 배우들한테도 "네가 선택한 거니까 네가 책임져야 할 일이지. 이 직업이 얼마나 매력적인 줄 아니?" 하고 말한다. "자기가 좋아하는 일 하는데 잘하면 돈도 줘, 더 잘하면 더 많이 줘. 사람들은 하기 싫어하는 일 하면서 돈 벌고 살기도 하는데, 이게 얼마나 감사한 일이냐"며 다독인다.

열심히 하는 게 카리스마, 정말 어려운 건 소통

김 감독이 배우들에게 가장 인기 있는 음악감독인 이유가 무엇일까 궁금해서 남자배우 한 사람과 잠시 이야기를 나눠보았다.

"〈엘리자벳〉 공연 때문에 일주일 동안 비우신 적이 있어요. 〈레미제라블〉에 돌아오셔서 '아, 이 음악을 하고 싶었어' 하셨을 때, 그런 얘기를 들으면 배우들이 굉장히 뿌듯하죠."

음악이 좋아서 즐겁게 하는 모습을 직접 보여주는 것, 이것이 신명과 흥을 이끌어내는 김 감독의 비결이었다.

한번은 김 감독이 집에서 힘든 일이 있었고 일도 버거워서 지쳐 있었다. 무대에 올려야 할 공연은 흥겹고 활기 넘쳐야 할 〈맘마미아〉였다. 지휘자가 축 처져 있으면 모두 처져서 밝은 소리가 나오지 않을 게 뻔했다. 그래서 앞니에 김을 붙이고 지휘자석에 섰다. 씩 웃어주니 모두들 웃음을 큭큭 참아가며 신나게 연주를 하고 밝은 소리로 노래를 했다.

그런데 웃을 기분이 아닌데 웃어야 하는, 웃기기까지 해야 하는 그런 상황일 때는 '이거 안 좋은 직업이다'라고 느낀다는데, 정작 배우들이 보기에 "김 감독님은 컨디션에 굴곡이 거의 없는" 사람이란다. 사실 음악감독은 배우가 다가가기 어려워할 만한 자리인데, 김문정 감독은 예외라는 것이다. 배우가 의견을 내놓으면 "너도 정답일 수 있다. 나만 정답이라고 할 순 없지" 하면서 의견을 들어주고 배우의 입장에서 생각해주는 감독이라 평했다. 또 인생 선배로서 나누어주는 것도 많단다.

배우에게 김문정 감독은 어떤 감독인지 물어서 그 대답을 들고보니 김문정 감독은 이 시대에 맞는 새로운 리더십이 무엇인지 잘 알고 있는 것 같았다. 그는 수많은 사람들의 의견이 서로 엇갈릴 때 그것을 어우러지게 조율하는 것을 아주 잘하는 사람이었다. 충분히 상대의 의견을 들어주고, 그리고 나서는 모두가 수긍할 수 있는 결론을 딱 내놓는다. 그래서 배우들은 '아, 이래서 김문정 감독이구나' 하게 된단다. 무엇보다 그는 스스로 열심히 할 때 나오는 카리스마로 많은 사람들을 이끌어간다.

어떤 일을 하더라도 함께하는 사람들과의 관계와 소통이 매우 중요할 수밖에 없다. 김 감독에게도 그랬다.

"처음에 뮤지컬 하고 싶다고 생각했을 때, 음악만 잘하면 되는 줄 알았어요. 그런데 드라마, 조명, 의상 등등 모든 것들이 다 음악 안에 맞물려 있다는 걸 알게 되었어요. 이 관계들을 조율해가는 것도 중요했지만, 정말 가장 어려웠던 건 소통이었어요. 어떤 한 장면에서 어떤 팀이 불만이나 불편함을 제기했을 때, 이를 잘 해결하려면 서로 간의 소통이 중요해지죠. 음악적으로 소실되지 않으면서도 이들을 다 기분 좋게 할 수 있는 그런 말을 해주어야 하고, 서로가 수용할 만한 상황을 만들어야 해요. 이때 어떻게 현명하게 대처해야 되느냐, 그게 제가 늘 해야 되는 일들이었고, 무조건 해결해야 되는 일들이었거든요."

좋아서 즐겁게 일하고, 관계와 소통을 중요시하는 것, 김문정 감독이 배우들에게 인기 있는 비결은 여기에 있는 게 아닐까.

전문대와
무슨
상관이람!

어릴 때 피아노를 장난감처럼 갖고 놀던 그에게 음악은 자연스러운 일상생활이었다. 고등학교 1학년 때는 교회 친구들과 밴드를 만들었다. 그런데 음대에 갈 생각은 하지 못했다. 인문계 공부를 해서 대학 입시를 봤는데 그만 떨어져버렸다. 후기도 떨어지고 재수 준비를 하려 하는데 부모님이 말씀하셨다.

"서울예대 실용음악과에 붙으면, 작곡으로 재수를 시켜줄게. 그런데 만약 떨어지면, 이제 제발 음악은 하지 말아라."

부모님이 이렇게 얘기하게 된 것은, 같이 밴드 활동을 했던 교회 친구 '희열이 덕'이라고 할 수 있다. 지금은 방송 진행자로 유명한 그 유희열이다.

"희열이가 고등학교 3학년 때 작곡 공부를 시작해서 서울대를 갔거든요. 희열이가 '문정아, 너도 같이 하자' 그랬는데, 제겐 가당치 않았거든요. '우리 집은 공무원 집이라서 안 돼. 돈도 없으시대. 난 아니야, 넌 열심히 해라' 그랬죠. 그런데 희열이가 덜컥 서울대에 붙으니까, 그걸 보고 엄마가 생각이 좀 달라지셨어요."

부모님의 제안을 듣고 처음에는 "왜 전문대를 가라고 하냐"고 울고 불고 난리를 쳤다. 하지만 얼마 안 가서 마음이 바뀌었다. 화성학 같은 것을 배우기 시작해서 "머리털 나고 처음으로 열심히 공부"한 결과 서울 예대에 합격했다. 그러니까 부모님은 처음 약속대로 재수를 시켜줄 테니 작곡을 공부해 음대에 가라 했고, 그는 그냥 서울예대에 다니겠다고 고집을 부렸다. 이제 서로 입장이 바뀌어서 부모님은 "정신 차려, 전문 대야"라고 그를 말렸고, 그는 "무슨 상관이람" 하면서 서울예대를 계속 다녔다.

졸업한 뒤로 음반 작업이나 방송에서 세션(연주) 활동을 했다. 그러다 스물다섯 나이에 결혼을 하고 스물일곱에 아이를 낳았다. 그때 뮤지컬을 하고 싶다는 생각이 들었다. 뮤지컬에서 건반 연주자로 일하다가 2000년에 둘째를 낳고, 2001년에 음악감독이 되었다. 그리고 나서 음향 등을 공부하고 싶어 대학을 더 다니기도 했고, 지금은 교수가 되어 가르친다.

다양한 경험이 진짜 실력

서울예대에 들어간 뒤 제일 먼저 하게 된 일은 노래방 반주를 만드는 것이었다. 수천 곡을 만들면서 돈 모이는 재미가 쏠쏠했다. 그리고 나서는 세션 일도 하고 〈밤과 음악 사이〉 등 방송에도 출연했다. 그때 토크쇼에서 연주를 하기 시작했다. 녹음실에서도 일하고 가수들 뒤에서 세션 일도 했다.

그렇게 잘나가던 중에 결혼을 하고 아이도 낳았다. 왕성하게 활동하다가 아기를 낳고 집에 있으니 위기감을 느끼던 차였는데, 누가 "〈명성황후〉라는 뮤지컬에서 건반 연주자 필요하다는데 가서 할래?" 하고 물었다. 평소 세션비로 받는 금액의 6분의 1 정도밖에 안 주는 일이었다. 하지만 공연장이 집이랑 가까워서 한번 가서 해봤다. 묘한 인연이었다. 그는 그 일을 하면서 역동적인 뮤지컬의 매력에 푹 빠지게 됐다.

뮤지컬을 해보고 싶은 욕구가 속에서 꿈틀거려서 어머니에게 도움을 청했다. 일주일에 세 번 저녁에 외출할 수 있게 해달라고 했다. 국악도 배우고 싶고 공연도 보고 싶고, 지휘도 배워보고 싶었다. 일 년만 해보고 안 되면 그만두기로 결심했다. 그런데 갑자기 기회가 찾아왔다. 곧 무대에 올려야 할 어린이 뮤지컬 〈아기공룡 둘리〉의 음악감독이 갑자기 일을 못하게 되면서 급히 대타가 필요하게 된 것이었다. 그곳 대표가 그동안 그를 눈여겨보고 있다가 간곡히 부탁했고, 이를 받아들이면서 그는 2001년 음악감독으로 처음 데뷔를 했다.

하고 싶은 일, 일단 한번 해보자

그 당시에 〈아기공룡 둘리〉는 예술의전당 오페라하우스에서 공연하기로 되어 있었다. 공연 3주를 남겨놓고 김 감독은 기존의 음악감독을 대신해서 나갔다. 나름대로 준비하고 꿈꿨던 일인데, 3주 만에 자신의 능력을 평가받는 것이 부담스러워 가고 싶지 않은 마음도 들었다. 하지만 '하고 싶었던 일이니까 죽이 되든 밥이 되든 해보자'고 결심하며 처음 해보는 음악감독을 시작했다.

이 공연은 프로젝트 사업의 하나였고, 정해진 때에 공연을 반드시 올려야 하는 심각한 상황이었다. 잘하면 본전이고, 잘못되면 뮤지컬 경력이 시작과 동시에 끝나버릴 일이었다. 그런데 무슨 깡으로 그랬는지 그는 그 부탁을 받아들이면서 조건을 제시했다. "이걸로 평가받고 싶진 않으니까 다음에 한 번만 더 맡겨달라"고, "다음엔 제대로 해보겠다"고 제안한 것이다. 그는 지금 생각해도 그때 그런 제안을 하길 참 잘했다는 생각을 한다. 그 조건은 받아들여졌고, 둘리는 무대에 제때 올라갔다.

"그 당시엔 큰 프로젝트였으니까 정말 어렵게 힘들게 올렸어요. 밤에 작곡하고 아침에 회의하고, 저녁에 노래 가르치고, 밴드 편곡하고 다시 와서 밤에 작곡하고…."

그런데 네다섯 살 된 아이가 아침마다 이렇게 물었다.

"엄마 언제 와? 깜깜해지면?"

그럴 때면 '내가 이 일을 왜 한다고 했지'라고 후회하면서 힘겹게 일을 해냈다. 그런데 〈아기공룡 둘리〉 이후 어떻게 소문이 났는지, 큰 작품들을 맡아달라는 요청이 밀려들어오기 시작했다.

〈아기공룡 둘리〉를 맡으면서 다음 작품으로 〈명성황후〉 런던 공연을 맡을 수 있게 되었다. 서른한 살짜리 초짜 음악감독이 갑자기 런던 심포니와 함께하게 된 것이다. 그 제안을 듣고 설렘과 두려움이 동시에 교차했다.

"그때는 제가 지휘할 줄도 몰랐고, 지휘를 할 수도 없었어요. 거기 선 연주자 유니언(노조)이 있어서 유니언 지휘자가 지휘를 해야 되거든 요. 저는 관리자 격으로 갔는데도 제일 나이가 어렸어요. 연주자들이 다 들 '선수'들인 거예요. 그 다음 한국 와서는 제가 〈명성황후〉 지휘봉을 잡은 거죠."

외국에는 연주자 유니언이 있어서 한국 뮤지컬을 올릴 때에도 연주 자들은 그 지역 사람들로 써야 한다. 런던은 까다로워서 지휘까지 유니 언 소속이 해야 했지만, 그 뒤로는 김문정 감독이 외국 공연에서 지휘를 했다. 첫 지휘봉을 잡게 된 곳은 미국 로스앤젤레스 코닥 시어터(Kodak Theatre). 아카데미 시상식이 열리는 엄청 큰 공연장이었다.

"쫄았죠. 연주자들이 왔는데, 할아버지 같은 연세 든 분들이 계신 거예요. 저는 클래식 전공자도 아니고 뭐도 아니잖아요. 영어도 못하고. 게다가 그 전날 지휘봉이 부러진 거예요, 재수 없게. 그때는 또 초짜 지 휘자라 지휘봉 하나밖에 없었거든요. 누가 본드로 붙여줬는데… 아, 정 말 내가 하지 말라는 건가, 이런 생각도 들었어요. 그때 결심했던 건 내 가 거울이다, 내가 하는 만큼 나올 거야, 라는 거였어요."

그런데 그가 무대에 선 뒤, 연주가 끝나자 연주자들이 기립박수를 쳐주었다. "영어 배우면 빨리 미국에 오라"고 할 정도로 그들과 가까워 졌다. 처음에 깔보는 듯한 표정을 하던 트럼펫 연주자는 함께 사진을 찍 으면서 "네가 항상 매회 공연에 땀을 흘리며 열심히 하는 모습을 보고 감 동했다"고 얘기하기도 했다.

결혼, 육아, 연이은 기회와 행운들

　　이상하게도 하고 싶은 일을 재미나게 하다보니 별 어려움 없이 술술 일이 풀려나갔다. 신기하게 그는 시대의 흐름도 착착 잘 탔다. 마침 노래방이 처음 도입되어 돈도 벌고 편곡도 실컷 해보는 기회가 되었고, 그 다음에는 토크쇼에서 밴드가 연주하는 유행이 불기 시작해 음악 연주로 즐겁게 일했다. 또 사람이 몰리지 않을 때에 뮤지컬로 옮겨왔더니, 그때 막 공연예술학과(사실상 뮤지컬학과)가 생겨서 교수도 되었다.

　　"최선을 다하기도 했지만, 어떤 계산을 하거나 앞을 내다보지 않았어요. 그냥 지금 아주 잘하고 싶었고, 그러다보면 또 다른 일이 생겼어요. 그 일이 좋아서 즐겁게 하다보니 사람의 관계가 생겼고, 계속 그렇게 해서 나갔던 거죠. 중요한 건 제가 재밌었기 때문에 쉬웠고, 그래서 잘할 수 있었다는 거예요. 돈을 벌기 위해서 일한 적은 없었으니까요. 재미있으니까 한 거예요. 노래방 때는 한 곡, 두 곡 카피하는 게 재밌었고, 토크쇼 밴드는 뒤에서 연주하면서 깔랑깔랑하는 거 재밌었고, 뮤지컬도 재미있어서 시작했는데 이게 이렇게 붐업이 되었죠. 왜, 그런 사람 있잖아요. 가게에 가면, 없던 손님도 갑자기 몰려와서 사람이 많아지는 거요. 제가 그런 사람이긴 해요."

　　그가 이런 성공을 거둘 수 있었던 것은 친정어머니의 완벽한 지원 덕분이다. 딸이 밖에 일하러 가면 다 잊어버릴 수 있게 어머니가 말없이 아이들을 보살펴주었다. 집안이 가난해서 대학을 못 가셨던 어머니는 딸 셋 중에 첫째인 그에게 거는 기대가 무척이나 컸다. YWCA 한국 여성

지도자상을 탔을 때도 그는 "엄마 덕분에 여기 이 자리에서 상을 탔다"고, "이건 엄마 상"이라고 이야기했다. 상금도 전부 친정어머니에게 드렸다.

어머니가 힘들 때마다 도움을 주셨다고 말하면서 그는 울컥한다. 한번은 아이가 아프다는 전화를 받고 울면서 집에 가겠다고 했더니 어머니가 "밖에 나가면 집 생각은 잊어버려라" 하며 따끔하게 야단을 치셨다. 그리고 "네 딸들이 나중에 여자로서 손해 보지 않게 네가 잘 자리 잡아라"는 말도 자주 덧붙였다.

'여자가 아닌 것처럼' 일해야 인정받는 한국 사회

그는 어머니 가르침대로 자신이 아이 엄마라고 해서 아이들 핑계 대고 늦지 않는다는 것을 철칙으로 삼고 있다. 관계와 소통에 능하고 다른 이들의 의견을 존중하면서 합의에 이르게 하는 능력, 이런 것은 여성적인 특성이라고 흔히 일컬어진다. 그는 온화하고 여성적인 리더십으로 높이 평가받으면서도 '여자가 아닌 것처럼' 일을 해야 한다고 말한다. "아직 한국 사회가 그렇기 때문"이란다.

그렇지만 이런 두 세대의 여성동맹의 노력은 여자라고 해서 손해를 보지 않고 '여자인 채로' 일하게 되는 날을 앞당길 것이라는 희망을 가져본다. 뮤지컬 배우를 꿈꾼다는 김 감독의 딸이 무대에 오를 때쯤 되면, 적어도 여성 음악감독이 길을 잘 닦아놓은 뮤지컬계에서는 아이를 키우는 여자로서 일하는 게 훨씬 수월해져 있지 않을까.

공연 전에는 식사를 하지 않는다면서 오케스트라 튜닝을 위해 문을 나서던 그는 "햄버거를 사다줘서 고맙다"고 사소한 것에도 인사를 하고, "나가는 길을 아시겠냐"고 또 마음을 써준다. 그런 포근한 배려를 지닌 사람, 모두가 인정하는 카리스마와 그의 한결같은 열정이 밴 뮤지컬이 보고 싶어졌다. ♭

"그곳에 가서 내가
만나야 할 사람은 누구일까?
들어야 할 이야기는 무엇일까?
나는 여기에서 무엇을
나누는 사람이어야 할까?"
임영신

2003년, 남편과 아이들을 두고 전쟁 일보직전의
이라크로 떠났다. 이라크 반전평화 팀의 일원으로
활동하면서 목격하는 것, 귀 기울이는 것,
단지 함께 있는 것의 힘을 알게 되었다.
그 후 피스보트, 세계사회포럼 등을 경험하면서
경계를 넘는 여행자들이 '공정한 세계'를
열어갈 수 있다는 희망을 품었다.

경계를 넘는 여행, 국경을 넘는 만남을 키워드로
아체, 민다나오, 티베트, 다람살라, 팔레스타인 등
아시아의 분쟁지역을 여행하며 평화를 배우고
희망을 마주한 여정을 담아 2006년
《평화는 나의 여행》을 출간했다.
책을 출간하며 분쟁지역의 아이들을 위해
평화도서관을 만들어가는 평화헌책방, 평화여행
프로젝트를 '이매진피스(imagine peace)'의
평화여행자들과 함께 시작했다. 아시아의 분쟁지역
곳곳을 여행하는 여정에서 맞닥뜨린 관광의 차고 시린
이면의 그늘을 보며 이매진피스는 2007년
"공정한 여행은 가능한가?"라는 물음으로
공정여행 운동을 시작했고, 그 여정과 고민을 담은
첫 공정여행 가이드북 《희망을 여행하라》를
2009년 출간했다. 현재는 희망의 키워드로
세상을 맵핑하는 희망의 지도 프로젝트를
진행하고 있다.

2009년 경기도 화성으로 이주하며
공정한 여행이 일상에 스며 세상을 바꾸는
새로운 일상을 만들어가는 페어라이프센터(fair life
center)를 운영하며 머무는 여행 중에 있다.

임영신 씨는 새로운 여행을 하고 돌아온 삶의 자리를 새롭게, 공정한 여행에서 공정한 일상으로 옮겨가는 중이었다.

남편이 목회를 하며 교회를 개척하는 중이어서 2009년 말에 경기도 화성시 봉담읍으로 오게 되었다. '봉담'이라는 이름에서 오래된 작은 읍내를 상상했지만 뜻밖에 고층 아파트가 빽빽이 들어선 동네. 그 한가운데 자리 잡은 커다란 건물 꼭대기 층에 '페어라이프센터'가 있었다. 안으로 들어서니 공정무역 커피 판매대 앞으로 크고 작은 책상과 한쪽 벽면을 채운 책장이 보였다. 아이들이 뒹굴면서 책을 볼 수 있는 공간도 있었다. 카페에서 엄마가 바느질을 하거나 책을 읽으며 아이들을 지켜볼 수 있게 훤히 보이도록 공간이 서로 연결되어 있었다.

그는 공정한 여행, 공정한 삶, 그리하여 공정한 세상을 이루자는 흐름을 책《희망을 여행하라》의 마지막 장에 담았는데, 이를 두고 '머무는 여행'이라는 표현을 하기도 했다. 이제는 마을에서의 삶, 사람들을 만나고 같이 부대끼며 살아가는 삶을 시작하고 있단다. 그에게 머무는 여행은 또 무엇이며 어떤 의미일까?

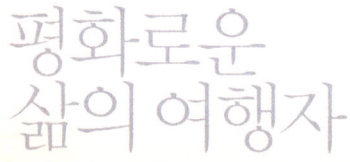

평화로운
삶의 여행자

공정여행가 임영신

대학 졸업 직후부터 서른두 살 때까지 기독교윤리실천운동, 참여연대, 아름다운재단 등에서 시민운동을 했다. '일 중독'이라는 말을 들을 정도로 열심히 일했고 일이 재미있기도 했다.

멈추기,
매여 있던
스스로를
풀어내기

사람들이 모여서 만들어내는 집단적인 힘은 약자를 위해, 정의를 위해 쓰일 수 있다는 것, 그리고 새로운 역사를 쓰는 일에 참여할 수 있는 소중하고 의미 있는 일이었다. 그런데 한국 사회가 급박하게 돌아가는 만큼 시민운동도 빠르게 움직여야 했고 활동가가 감당해야 하는 일은 엄청나게 많았다. 아이 둘을 둔 엄마로서 임영신 씨는 그 속도를 계속 견딜 수 있을까 하는 의문이 들기 시작했다.

"이 속도를 계속 견디는 나는, 내 삶은 나중에 무엇이 될 것인가. 이 삶의 속도가 과연 나와 맞는 것인가. 나는 왜 이 일을 하고 있나. 저는 잠깐 멈춰보고 싶었어요. 그때 아이가 둘 있고 남편은 목회를 하고 있고, 경제적으로도 시간적으로도 좋은 여건이 아니었어요. 하지만 저는 그 물음에 대해서 깊이 묻고 싶었고 답을 찾고 싶었어요. 그리고 활동과 담론을 함께 생성할 수 있는 사람이 되고 싶었어요. 시민운동에서 어떤 담론을 이야기하려면 학자나 교수를 불러와야 되고, 정보나 현장은 활동가가 가지고 있지만 권위는 누군가의 것을 빌려와야 되는 이런 이중구조를 가지게 되죠. 그리고 활동하는 사람은 활동가, 나머지 사람들은 돈만 내는 후원자로 남으면서 그 경계라는 것이 선명해요. 게다가 어떤 위원이 되려면 교수거나 변호사거나 의사거나 박사여야 하고, 사회적 지위가 있어야만 단순한 후원회원이나 자원봉사자를 넘어서게 되죠. 10년 이상 활동가였다 하더라도 그 사람이 아이가 생기거나 개인적인 사정으로 활동을 5년 쉬다가 다시 단체에 들어오면, 그가 할 수 있는 일이 뭐가 있을까요? 그런 물음들에 대해서 저는 스스로를 실험해보면서 길을 찾고 싶었어요. 무모해 보이고 분명한 답도 없지만, 제가 제 활동에 대해서 다른 권위를 빌리지 않고 제 스스로를 설명할 수 있는 제 언어를 가지고 싶었어요."

그의 고민은 그만큼 절박했다.

'평화'와 '인권'은 오래 전부터 그의 마음속에 중요한 키워드로 자리 잡고 있었다. 그 계기가 된 것은 정신대 할머니들과의 만남이었다. 기독교윤리실천운동에서 시민운동을 시작하며 처음 하게 된 일이 일본군 위안부 피해자 할머니들을 돕기 위한 공연 〈대지의 눈물〉이었다. 한발 떨어져서 정신대 할머니들을 만났지만 할머니들이 증언할 때마다 굵은 눈물을 흘리던 모습이 무척이나 크게 각인되었다.

2000년 도쿄 여성국제전범 법정*에서도 할머니들이 '쿵' 하고 쓰러지며 실려나가고, 증언을 하다가 오열하는 모습을 보았다. 캄보디아, 타이완, 중국, 북한의 할머니가 똑같은 고통으로 쓰러지는 모습이 그에게는 큰 충격이었다. '지금까지 정신대 문제를 왜 한국과 일본의 문제로만 생각했을까. 왜 아시아의 나라마다 이토록 깊은 아픔이 있었다는 것에 대해 한 번도 깊이 귀 기울이지 못하고 자각하지 못했을까. 나는 왜 내가 스스로 아시아 사람이라는 자각이 없었을까?'라는 생각이 번개를 맞은 것처럼 강하게 그의 삶을 흔들었다.

그는 성공회대 대학원에서 NGO학을 공부하며 평화와 전쟁이 무엇인지, 어떻게 자신의 집단과 자신의 이익을 위해 사람이 사람을 죽일 수 있는지, 그리고 증거가 있어도 어쩌면 그렇게 진실을 무참하게 짓밟을 수 있는지, 그런 물음들을 늘 가지고 있었다. 어떻게 해야 이런 문제들이 다시는 일어나지 않는 세상을 향해 갈 수 있는지 알고 싶었다. 평화와 아시아, 평화와 식민, 평화와 여성에 대해 답을 찾기 위해서 피스보트**를 타려고 하던 참에 이라크에서 곧 전쟁이 터질 것 같다는 소식이 들렸다.

● 여성을 전시 성노예로 강제 동원한 일본의 전쟁범죄 행위를 단죄하기 위해 열린 국제 민간법정으로, 아시아 피해국의 민간단체들이 공동으로 주최하고 전 세계의 여성 단체, 인권 단체가 후원했다.
●● 1982년, 일본 청년들이 일본에서 배운 역사의 사실 여부를 확인하기 위해 아시아 곳곳으로 직접 나가면서 시작된 NGO. 전 세계에서 온 참가자들 수백 명이 크루즈를 타고 평화를 위한 세계 일주를 한다.

살아 있는 심장을 느끼고 행동하는 평화여행

이라크 침공이 초읽기에 들어간 그때, '바그다드에 10만 명이 모이면 전쟁을 막을 수 있지 않을까' 하며 그곳에 가서 온몸으로 전쟁을 막아보자는 캠페인이 있었다. 전 세계에서 수천 명의 사람들이 인간 방패가 되기 위해 이라크로 가고 있다는 소식도 들렸다. 그는 어린 두 아이를 두고 한국의 4차 '이라크 반전평화 팀'의 일원으로 바그다드로 향했다.

"마지막 방법, 마지막으로 걸어볼 수 있는 희망이라고 생각했어요. 그러려면 한 사람 한 사람이 가방을 싸고 비행기를 타고 가는 것인데, 그게 제가 택할 수 있는 방법이라고 생각했던 거죠. 손가락을 베이면 손가락 끝에서 심장이 뛰잖아요. 머리가 아프면 머리에서, 유난히 아픈 그 부위에서 박동이 크게 느껴지죠. 아픈 손가락 끝에서 심장이 두근두근하는 것처럼, 그때는 이라크가 제일 고통스러웠으니까 그곳에서 세계의 심장이 뛰고 있었고, 사람들이 그것에 반응한 거죠."

그렇게 떠난 뒤, 이라크 사람들과 함께 반전 평화 캠페인을 벌였다. 그 과정에서 그가 바그다드에서 목격한 것은 걸프전에서 사용한 열화우라늄탄으로 백혈병에 걸린 어린이들, 10년간의 경제 제재로 인해 의료 장비와 의약품이 없어 죽어가는 아이들, 그리고 전쟁이 임박한 상황에서도 변함없이 평화로운 일상을 이어가는 이라크 사람들이었다.

"반전평화 팀이 티그리스 강을 지나는데, 이라크 사람들의 낡은 차 경적이 빵빵빵 울렸어요. 너무 시끄러워서 '저분들이 왜 저러냐' 했더니 '고맙다'고 그런다는 거예요. 다른 사람들은 다 우리를 죽이기 위해 오

는데, 너희는 우리를 살리기 위해서 온 것이 고맙다고 말하고 있는 거였죠."

여행자가 그곳에 가는 것만으로 대단한 일을 할 수는 없지만, 여행자가 그 현장에 있다는 것은 중요한 메시지에 해당한다. '내가 당신과 함께 있다. 세계가 당신의 고통에 귀 기울이고 있다'는 메시지를 온몸으로 전해주는 것이기 때문이다. 그래서 임영신 씨의 표현에 의하면 "그 사람이 거기 있는 것, 그것이 거대한 벽에 작은 숨구멍을 낸다."

평화운동에서 중요하게 여기는 것이 두 가지다. 하나는 그곳에 가 있는 것이고 나머지 하나는 목격하고 기록하는 것이다. "여성과 아이의 눈으로, 피 흘리는 사람의 마음으로 기록하고 카메라에 담는 것은 진실의 힘을 가지는 어떤 행동"이 되기 때문이다.

누군가 아픔을 드러내면 그 고통에 반응하는 감수성을 가진 사람들이 늘어나는 것, 이것이 고통의 문제를 함께 해결해갈 수 있는 유일한 방법이 아닐까. 그는 이렇게 말한다.

"강정에 한 번만 가보면, 밀양에 하루만 가보면 누구나 그분들의 호소를 알 수 있으니까요. 가서 보면 그 핍절함을 알 수 있는데 멀리서는 전해지지 않잖아요."

이런 점에서 평화여행은 지구촌의 평화를 유지하는 좋은 도구가 될 수 있다.

이매진피스, 나의 물음으로 나의 속도로 걷는 네트워크

임영신 씨는 2006년 '이라크 반전평화 팀'으로 활동한 경험을 담아 《평화는 나의 여행》이라는 책을 냈다. 당시 이 책을 만든 북디자이너와 편집자는 한 시민단체에서 발행하는 생태주의 잡지를 만들며 이십대를 고스란히 시민단체에서 보낸 사람들이었다. 그러나 이들이 시민단체를 그만두고 출판사로 가거나 프리랜서 디자이너가 되었을 땐 아무도 이들을 운동가로 불러주지 않았다. 모두가 어렵게 일하던 그 시절에 단체가 어려움을 겪을 때면 몇십만 원에 불과한 활동비로 수제비를 먹으면서 함께 삶으로 운동을 버텨내던 활동가였지만, 단체를 떠나면 더 이상 운동가일 수 없다는 현실을 책을 만드는 과정에서 아프게 마주하게 되었다.

당시 임영신 씨는 '아름다운재단'을 그만두고 2003년 이라크로 다녀오면서부터 평화운동을 막 시작하던 때였다. 그는 한 분야만 전문적으로 파는 운동은 자신과 잘 맞지 않는다고 느꼈다. 자기 삶에서 중요한 여러 주제들에 대해 소통하며 통합적으로 관계를 맺는 사람들과 함께하는 운동이 있으면 좋겠다는 생각을 했다. 그러던 차에 시민운동 단체를 그만둔 비슷비슷한 사람들을 만나면서 "현역으로 활동하지 않는 것에 절망을 느끼고 있다면 우리가 서로를 활동가라고 불러주자"고 의기투합했다. 우리가 가는 방향이 비슷하다면 그 안에서 각자가 할 수 있는 최대치와 한계를 인정해주자. 열심히 할 때가 있으면 열심히 못할 때가 있다는 것을 인정해주자. 그러면서 할 수 있는 운동을 해보자. 이렇게 해서

이 독특하고도 느슨한 이매진피스라는 평화운동가 네트워크가 만들어
졌다.

　그가 이라크에서 만났던 평화운동가들 역시 대단한 조직에 속해서
활동하는 이들이 아니었다. 대부분 방학이나 휴직 기간을 이용해서 온
교사, 직장인들, 여행 떠나듯이 분쟁지역으로 온 사람들이었다. 활동을
하다가 일상으로 돌아갔다가 또 휴가를 내서 돌아오는 사람도 많았다.
그곳에서 만난 한 프랑스 의사는 베트남 전쟁 때부터 30년 넘도록 해마다
잠시 병원 문을 닫고 분쟁지역에 가서 활동하고 또 일상으로 돌아간다.

　이매진피스의 활동가들은 뮤지션, 작가, 디자이너 등 직업도 다양
하다. 어떤 일에 마음이 모이면 마음을 모은 사람들끼리 움직인다. 각자
전문성을 살려서 자기가 하고 싶은 활동을 '하고 싶은 만큼' 한다. 이매진
피스에는 풀타임 활동가가 없고 사무실이 없다. 전화 받을 사람이 없기
때문에 전화도 없다. 홈페이지는 있지만 관리를 안 할 때는 '방학입니다'
하고 몇 달 동안 문을 닫아두기도 한다.

아이들을 포함해 가족이 지금까지 그의 활동을 위해 감당해준 몫이 있었으니, 마을에서의 삶을 사는 것은 자신이 감당할 몫이었다. 그래서 그는 두 번째 책이 나왔을 때 책을 알리고 독자들을 적극적으로 만나야 했음에도 단호하게 서울을 떠났다.

머무는
삶도
여행처럼

임영신 씨는 2006년에 셋째아이를 낳고 이라크 민간인 희생자에 관한 논문을 썼다. 그리고《평화는 나의 여행》이라는 책도 냈다. 그즈음부터 제천간디학교의 아시아 평화교육 프로젝트를 맡아서 3년간 진행했다. 이라크로 갈 때 많은 벗들이 여비를 보태주었는데, 일면식도 없는 간디학교 양희창 교장이 100만 원을 보내서 깜짝 놀란 적이 있었다. 감사 인사를 하러 가서는 "그 돈으로 바그다드 평화도서관을 여는 것이 어떻겠느냐"고 상의하다가 뜻하지 않게 "간디학교 평화교육을 맡아달라"는 제안을 받았다. 그는 마침 출산 직후여서 현장에 가서 할 수 있는 일이 없었다. 그래서 시작한 강의가 평화여행으로 이어졌다.

평화도서관 프로젝트는 첫 출발부터 기부금에서 시작되었다.《평화는 나의 여행》을 함께 작업한 편집자에게 그 책의 내용을 듣고 어떤 사

람이 10만 원을 기부했다. 이 돈을 어떻게 쓸까 하다가 인도네시아 아체*에 도서관을 만드는 데 쓰기로 했다.

돈은 더 모아야 하는데, 어떻게 모을까 고민이었다. 헌책을 기증받아서 팔기로 했다. 그래서 홍대 앞 길거리에 좌판을 펴고 '평화 헌책방'이라는 이름으로 행사를 했는데, 이것이 평화도서관 프로젝트의 출발점이 되었다. 그 후 '분쟁지역에 총 대신 책을!'이라는 슬로건을 내걸고 대학로, 남이섬, 일산 호수공원, 대구, 제주의 길거리에서 희망을 선물하는 헌책방이 펼쳐졌다.

전쟁과 죽음을 경험하는 분쟁지역의 아이들은 대부분 가족의 죽음을 목격하면서 그 트라우마가 깊게 남는다. 마음속에 누군가를 향한 증오를 가지고 있고, 복수를 꿈꾸며 자라기도 한다. 평화도서관 프로젝트로 인도네시아 아체, 이라크 바그다드, 필리핀 민다나오, 그리고 네팔의 다람살라, 티베트 난민촌, 파키스탄 카슈미르의 아이들이 전쟁과 죽음의 그림자에서 벗어나 희망을 꿈꿀 수 있는 공간을 선물로 받게 되었다.

●2004년 수마트라 섬 부근의 인도양에 발생한 쓰나미로 가장 큰 피해를 본 지역.

공정여행의 시작은 내 마을에서부터

평화도서관 외에 이매진피스의 주요 활동이라 할 수 있는 것은 공정여행을 알리는 것이다. 생산자에게 정당한 대가가 돌아가도록 하는 것이 공정무역이라면, 공정여행은 여행지의 사람들, 그곳의 자연, 문화가 정당한 대우를 받는지 살피는 여행이라 할 수 있다.

"내가 머무는 마을, 내가 머무는 방을 치워주는 사람들, 내 음식을 해주는 사람들도 내가 여행에서 행복한 것처럼 내 여행을 통해서 행복할 수 있을까 생각해요. 내가 그 사람들을 기억하는 것처럼 그 사람들도 나를 기억할지 돌아보는 것, 서로의 관계를 기억하는 여행이 공정여행이라고 생각해요."

고기를 잡다가 바다 풍경을 어지럽히고 사유지를 침범했다는 이유로 잡혀가는 발리의 가난한 어부들, 사파리 관광객을 위해 사냥 터전과 마을을 빼앗기고 쫓겨난 아프리카 소수 부족들, 슬리퍼에 얇은 옷을 입고 엄청난 무게의 짐을 지고 히말라야를 오르는 포터들, 하루 종일 서서 침대 시트를 다림질하는 최고급 호텔의 여성 노동자들…. 이들과 만나면서 관광의 그늘을 밝히고 알리는 일도 이매진피스가 해온 일이다.

임영신 씨는 목사인 남편과 경기도 화성으로 기쁜 마음으로 내려왔다. 남편은 그의 활동을 언제나 가장 적극적으로 지지해준 사람이었다. 두 사람 모두 대학원 공부를 하기에는 돈이 부족했을 때, 아내에게 "먼저 공부하라"고 했던 남편이었다. 아이를 봐주며 10여 년의 시간을 고스란히 딸에게 내준 친정어머니에게도 이제 자기만의 시간을 가질 수 있게

해드렸다. 아이들을 포함해 가족이 지금까지 그의 활동을 위해 감당해
준 몫이 있었으니, 이제 마을에서의 삶을 사는 것은 자신이 감당할 몫이
었다. 그래서 그는 두 번째 책이 나왔을 때 책을 알리고 독자들을 적극적
으로 만나야 했음에도 단호하게 서울을 떠났다.

공정한 삶을 키우는 '페어라이프센터'

화성시 봉담읍으로 내려오면서 열게 된 페어라이프센터는 재능기
부 공간이면서 동네 사랑방 역할을 하는 곳이다. 인문학 강좌도 하고, 뜨

개질이나 요리 등 각자가 잘하는 것을 가르치는 워크숍을 열기도 한다. 도서관 프로그램과 청소년을 위한 예술학교 같은 것도 운영한다. 새로운 가치를 가르치려 하기보다는 사람들이 원하는 것, 일상에서 필요한 것을 더 중요시한다.

"여기 오면서 방식을 바꾸려고 노력해요. 제가 지금도 밖에 나가면 한 시간 반 정도 강의를 하고, 공정여행 같은 건 한 학기 강의도 하죠. 그런데 지금 동네에서는 공정무역 올리브 오일을 소개하고 싶다면 올리브 파스타 만드는 법을 강의해요. 그리고 끝날 무렵에 5분 정도 이 오일이 어디서 왔고, 어떤 오일이고, 이 오일로 먹는다는 것은 무엇인지 얘기해요. 커피 핸드드립 워크숍을 4주 정도 하면, 맨 끝에 이 커피를 누가 어떻게 만드는지 얘기하는 식이죠. 사람들 욕구를 먼저 존중해주고 맨 나중에 선물처럼 가치를 딱 얹어주는 방식으로 해요."

임영신 씨는 이 지역에 필요한 게 무엇인지 생각하면서 어떤 사람이 무슨 도움이 필요한지, 무엇을 잘하는지 알아내고 일자리를 함께 만들어보려고 한다. 요리나 뜨개질을 잘하는 주부들이 이 공간에서 강사로 활동하면서 능력과 자신감을 키우고 그 경험을 경력 삼아 지역사회에 기여하거나 일자리를 찾을 수 있도록 돕는다. 그는 여성의 살림 경험이 훌륭한 재능과 기술로 인정받게 하는 데에도 관심이 많다.

그는 인생의 중요한 고비에 이를 때마다 언제나 깊이 물었다. 지금도 질문의 시간을 보내고 있다는 그는 자기 내면의 물음에 대해 답을 빨리 찾으려고 하면 안 된다는 점을 강조한다. "진짜 중요한 건 질문을 견디는 시간"이다.

'성공'보다는 '성장'이 중요하다

이매진피스와 마찬가지로 페어라이프센터도 느슨하게 움직이려 한다. "안 되면 멈추면 된다. 쉬면 된다"고 그는 말한다. 그날 아픈 아이를 유치원에 보낼 수 없어서 아이를 데리고 출근한 간사에게 그는 누누이 괜찮다고, 눈치 보지 않아도 된다고 얘기해주었다. 그걸로 충분하지 않으니 아이를 돌봐줄 자원봉사자를 배치하거나 다른 해결책을 찾아야겠단다. 이야기는 여성이 조직에서 어떻게 살아남느냐, 버틸 것이냐, 돌아 나올 것이냐로 이어졌다.

"저는 조직에서 못 버티며 살았고, 어쩌면 계속 버리는 삶을 살았는지도 몰라요. 조직 안에서의 생존, 그 속도를 유지하기 위해서 우리 아이들을 포기해야 되나 하는 질문 앞에서 다른 선택을 했으니까요. 제 삶을 돌아볼 때 후회하지 않는 이유가 있다면, 제 삶의 키워드는 성공이 아니라 '성장'이었기 때문이에요. 무엇을 기준으로 내 삶을 살 것인가, 이건 나에게 주어지는 과제인 것 같아요. 내 목표가 무엇이냐가 내 행복을 결정하는 거죠."

그래도 힘들어도 억울해도 여자들이 버티면서 자리를 지키는 게 여성의 지위를 높이는 데 도움이 되는 면도 있지 않을까. 여러 영역에 여성이 진출해서 여성의 목소리를 내는 것이 사회 전체의 문화를 바꾸는 데 기여하는 것도 있을 테고 말이다. 이에 대해 임영신 씨는 이렇게 생각한다.

"똑같은 기여를 해도 여자들이 같은 대우를, 정당한 자리를 못 받으니까 지위를 가지고 영역을 확보하는 것도 중요하죠. 그런데 동시에 비정형적인 여성의 활동과 존엄에 대해서 존중받는 것도 자리를 얻는 것만큼이나 중요하다고 생각해요. 자리 투쟁만 계속한다면 우리가 남성적 문화의 틀을 못 벗어나게 되잖아요."

진실하게 귀 기울이고 응답하면 마법도 일어나

마을에 내려온 첫 해에 임영신 씨는 힘들고 외로웠다. 매실을 어떻게 담그는지도 혼자만 모르고, 평범한 주부들의 일은 아무것도 모른다는 것이 온 동네에 드러났다. 잘하는 일은 다 버려두고 왔는데 서툰 일만 해야 했고, 국제사회 이슈 같은 관심사에 대해 이야기 나눌 상대도 없었다. 일 년이 지나자 조금씩 변화가 느껴졌다.

"지금은 제가 여기 있는 시간이 많고, 저도 같이 아이 키우고 학교

보내고 장을 보고, 이렇게 하니까 조금 편안해졌어요. 첫 해에 방송 인터뷰 하러 가거나 대학이나 기업에 강의를 하러 갈 일이 있었는데, 사당에서 차를 갈아타고 가요. 여의도에서 녹음을 마치고 사당에서 차를 갈아타는데, 마치 공항에서 환승하는 것 같은 기분이 들더라고요. 그곳에서의 제 삶과 제 언어, 여기에서의 제 삶과 언어가 한 나라에서 다른 나라로 가는 것만큼 다르게 느껴졌어요. 시차가 있는 것처럼 어질어질했어요. 근데 시간이 지나니까 그 마음의 시차가 많이 줄어들었어요."

그에게 마을은 "나를 설명할 언어가 없는 곳"이기도 하다. 마을 내에선 내가 어떤 사람인지 명함으로, 책으로, 신문기사로 설명할 수가 없다. 강의를 요청하는 사람, 원고를 청탁하는 사람, 함께 회의하는 사람, 지금까지 자신을 알고 지내며 그 활동을 인정해주는 사람들…. 그 사람들하고만 만나왔었구나. 뒤늦게 이 사실을 발견했다. 그동안 "시민단체, 지식인들이라는 폐쇄회로 안에 있다가 이제 이곳에서는 처음부터 관계를 시작해야" 했다. 관계 맺는 방식을 새롭게 하고 언어를 새로 배워야 했다. 하지만 그는 나이 마흔에 이 마을에 온 것을 무척 다행이라 여긴다. 그러지 않았으면 교만해졌을 것 같단다.

"질문이 찾아올 때 충실하게 귀 기울이고 그것에 응답하는 것"은 그의 삶에서 매우 중요한 부분이다. 질문이 자기 안에서 온 것이든 밖에서 온 것이든 성실하게, 진실하게 답을 하려 한다.

"요즘 어떻게 지내요?" 하고 누가 물으면, "요즘에 내가 화성에 와서 어떤 삶을 살고 어떤 것을 느끼는지 최대한 자세하게 대답"해준다. 네팔에 가서 호텔의 짐을 끌어주는 직원이 "무슨 일로 네팔에 오셨어요?" 하고 물으면 최대한 성심껏 그가 이 여행을 왜 왔는지 대답해주는 것과 같다. 이런 성실한 대답은 항상 마법 같은 일을 일어나게 했다.

"이스탄불에서 만난 삐끼가 '넌 여기 왜 왔니?' 물어서 '난 여기서 일어나는 국제 법정에 참여하려고 왔다'고 자세히 얘기해줬죠. 삐끼는 무섭기도 하고 피하고 싶은 존재인데, 제가 이스탄불에 일주일 머무는 동안에 그 친구들이 너무나 많이 도와줬어요. 제가 신발을 산다니까 시장에서 사지 말라며 삼촌이 하는 신발공장에 데려다줬죠. 정전이 되어서 길을 못 찾고 있을 때 우연히 그들을 길에서 만나 제 숙소까지 안전하게 데려다주고 그랬던 적도 있었어요. 저는 제 앞의 물음에 진실하게 대면하고 진실하게 답하는 것을 소중하게 생각해요."

그는 인생의 중요한 고비에 이를 때마다 언제나 깊이 물었다. 지금도 질문의 시간을 보내고 있다는 그는 자기 내면의 물음에 대해 답을 빨리 찾으려고 하면 안 된다는 점을 강조한다. "진짜 중요한 건 질문을 견디는 시간"이다.

열일곱 고슴도치 청소년을 품어준 마음들

요즘 그는 청소년 진로에 대한 강의도 종종 한다. 청소년기에 그는 학교에서 적응하지 못하고 친구도 못 사귀는 아이였다. 그의 표현에 의하면, "철거민 집에 세들어 사는" 그런 가난을 견디며 살았다. 교실에서

도 자신에게만 "커다란 그늘이 드리워진 것 같았고, 그래서 아무도 말을
걸지 않기를 바라던" 아이였다. 그런 그의 삶에 변화를 가져다준 특별한
경험이 있었다.

"제가 우연히 교회에 갔다가 처음 들었던 메시지가 있어요. '영신
아, 네가 참 귀하다. 네가 여기 온 게 소중하다'는 거였어요. 사랑한다는
말보다 그 말이 저에겐 더 커다란 의미로 다가왔어요. 제가 뭘 열심히 하
지도 않고 뭘 잘하지도 않았는데, 그분들이 저를 지켜봐주시고 안아주
셨죠. 마음속에 꽁꽁 얼어 있던 얼음이 녹아 내렸어요. 제 마음의 얼음이
녹으니까 '그분들이 고슴도치를 안아준 거였구나' 하는 생각이 들었어

요. 내가 내 가시 때문에 어쩌지 못하는 걸 아니까, 그 가시에 다 찔리면서도, 자기가 아픈데도 나를 그렇게 안아주신 거였구나…. 교회에서 만난 분들의 온기로 마음속 얼음이 녹으니까, 나도 그분들처럼 누군가에게 먼저 손을 내밀어주는 사람이 되고 싶다는 생각을 했어요."

그는 청소년들을 위해서 무언가를 하는 사람이 되고 싶었다. 전공으로 기독교 교육을 택한 것도 그런 열정 때문이었다.

청소년들에게 강연을 할 때 그가 주로 얘기하는 것은 "진로는 좀 천천히 정해도 된다"는 것이다. 진정으로 자기가 원하는 걸 찾는 시간을 충분히 가져야 하고, 그걸 찾기까지 그 시간을 견디는 것이 필요하다고 강조한다.

"하고 싶은 게 있고 궁금한 게 있으면 해보면 돼요. 아닐 때는 딱 X 표가 쳐지잖아요. 자꾸만 수학문제 풀듯이 하지 말고, 그 일을 해보고 그 일이 주는 기쁨의 양이 큰지 괴로움의 양이 큰지를 보면 돼요. 기쁨을 주는 일이 있으면 그 일을 계속 해야죠. 그게 잘하는 일이 되고, 나에게 그게 쌓여가면서 언젠가 되돌아볼 때 나에게 길이 되죠. 그런 마음의 나침반과 리트머스 종이를 찾는 것 외에는 방법이 없다고 생각해요. 천천히 찾되 자기 스스로의 물음으로 물어서 찾고, 사람들에게 잘 묻고, 가보고 해보고 먹어보고 입어보고 마셔봐라. 진짜 하고 싶은 것을 발견하면 두려움을 이기고 그것을 택하는 작은 실험들을 해보는 것, 그것이 쌓여야 내가 진짜 원하는 것 앞에 내 삶을 딱 이렇게 내려놓을 수 있는 그런 힘이 생기지 않을까, 그런 생각이 들어요."

여행에서 빼놓을 수 없는 것, 두려움도 있다

늘 새로운 길을 만들며 살아온 그에게도 "새로운 분야로 옮겨가는 것은 언제나 두려운 일"이다. 지금 사는 마을로 올 때도 평화운동과 공정여행을 내려놓는 것이 두려웠다. 한 분야에서 다른 분야로 넘어갈 때는 누구나 잃을 것에 대한 두려움이 있다. 원래 가지고 있던 것, 손에 쥐고 있던 것을 내려놓아야 새로운 일을 할 수 있기 때문이다.

"평화운동을 하다가 공정여행 할 때도 똑같이 두려움이 있었어요. 한 친구가 '요즘 평화운동 안 하시나?' 하면서 대놓고 물어보기도 했어

요. '여행이 웬 말이에요, 삼엄한 평화운동의 세계에서! 무슨 한가한 여행 같은 소리 하고 있네!' 이렇게 생각했다고 직접 얘기한 친구도 있었어요. 운동을 하는 친구들에게도 공정여행이라는 단어 자체는 너무 여유로운 생각으로 보이는 거죠. 주변의 시선을 포함해 그 두려움의 언덕을 넘어서야 할 수 있어요. 이 일이 필요하고 아무도 하지 않는다면, 내가 그 문제를 느낀다면, 그 일이 나를 통해 이야기될 수밖에 없다면, 제가 해내야 하는 거죠. 그런데 새로운 분야로 가면 아무것도 모르는 초보자잖아요. 매번 두렵죠. 쌓아가는 삶을 살아가지 않는 것은 두려움이죠. 그러나 두려움 없이는 새로움을 경험할 수 없다는 걸 아니까…. 여행을 할 때도 늘 새로운 곳을 가게 되는 것처럼, 결국 새로운 길을 택하는 건 그 길이 준 기쁨에 대한 기억이 저한테 더 많기 때문인 것 같아요."

　　국경을 넘는 여행, 경계를 넘는 만남. 이매진피스의 슬로건이기도 하지만 그에게 인생의 키워드이기도 하다. 마을에서 외롭다고 느끼게 했던 마음의 국경을 그는 이제 조금씩 넘어서고 있다. 이 새로운 도전으로 그가 얼마나 더 깊어질지, 또 어떤 새로운 흐름을 만들어내게 될지 벌써 궁금해진다. ⓑ

헛되지 않은
삶을 위한
수고
김기혜

열다섯 수선화들의 엄마

여성 노숙인 쉼터 '수선화의 집' 소장 김기혜

어린 시절엔 포로수용소가 있던 거제도에서 자랐다. 성당 고아원에서 일하던 아버지를 가끔씩 도와주며 자연스럽게 고아 친구들을 많이 알게 되었다. 1960년대에 이화여대에 다녔다. 잘 모르는 사람은 그가 부잣집 딸이었으리라 짐작하지만 부모님은 늘 가난했다. 어머니의 풀빵 노점에 들렀다가 친구가 지나가면 그 자리에 풀썩 주저앉아 몸을 숨긴 적도 있었다. 그는 가난에서 벗어나고 싶어 열심히 공부했다.

1967년 대학을 졸업하고 차타드 은행 등 외국계 회사에서 15년 가까이 일했다. 언론인 남편을 따라 프랑스 파리에서 6년 정도 살기도 했다. 파리에 사는 동안에 그는 한국인 입양아들에게 관심을 가지고 찾아다녔다. 나이 쉰이 넘어 서강대 공공정책대학원에 다니며 2002년 사회복지사 1급 자격증을 땄고, 그해에 '수선화의 집'을 열었다.

수선화의 집에서 그는 토, 일요일도 없이 매끼 식사 준비를 비롯해 관청에 보고하기 위한 온갖 서류작업, 회계, 소식지 만드는 일을 도맡아 한다. 직원이 두 명 있지만 월급을 제대로 못 주기 때문에 근무시간이 일정치 않다. 그래서 가끔 주방일을 좀 할 수 있는 가족들과 함께 식사 준비도 해야 한다. 20명이나 되는 식구들을 위해 여름날 냉면, 국수 등을 끓는 물에 삶아 만들 때는 좀 힘들다고 했다. 밤에는 퇴근해 가족들이 있는 집으로 간다.

수선화의 집에선 정신장애가 있거나 지능이 낮은 이들을 포함해 여럿이 공동생활을 하면서 분쟁이나 갈등이 생기는 일이 많다. 그때마다 이들 사이에서 재판관 노릇을 해야 할 때도 많고 '생활지도'도 해야 한다. 동작이 굼뜨거나, 머리 모양이나 옷차림이 남달라서 밖에 나가면 사람들이 이들을 이상하게 쳐다보지만, 그럴수록 사람들과 어울릴 기회를 가질 필요가 있어 자주 나들이를 한다. 얼마 전에는 순천 정원박람회에 단체로 다녀왔다.

수선화의 집을 거쳐간 여성들은 친정에 찾아오듯 가끔 들른다. 며칠 전에도 임대아파트에 나가 사는 퇴소자들 예닐곱 명이 찾아와서 즐거운 시간을 가졌다. 음식을 장만하고 차리는 것은 그에게 고된 일이지만, 친정어머니처럼 이것저것 챙겨서 들려보내는 것도 재미가 있다.

이런 일을 하다보니 착한 마음을 가진 아름다운 사람들을 많이 만난다. 세상에는 어려운 이웃을 도와주려는 착한 사람들이 정말 많다는 것을 확신했기 때문에 수선화의 집을 열 수 있었고, 매달 그 사실을 확인하고 있다. 1~2년도 아니고 10년 동안 변함없이 매달 후원금을 보내주는 '얼굴 없는 천사들'에게 찾아가서 절이라도 하고 싶은 심정이다.

만날 때마다 현금을 주는 친구들도 있다. 경남여고 동창인 노래강사 구지윤 씨가 수선화의 집 식구들을 디너쇼에 초대해 호텔에 가서 밥을 먹고 신나는 시간을 보낸 적이 있는데, 그때 만난 친구 한 명이 큰돈을 보내오기도 했다. 사람들은 대개 자기보다 아름다운, 자기보다 잘난 사람과 어울리기를 좋아하는데 그렇지 않은 이들과 손을 잡고 다니는 그의 모습에서 감동을 받았다고 했다.

그는 늦은 나이에도 지금 죽음에 관한 공부를 본격적으로 시작했다. 스스로 명랑하고 즐거워야 수선화의 집 식구들도 더 잘 돌볼 수 있기 때문에 '만도린 같은 악기도 하나 배워야 할 텐데' 하고 생각한다.

나는 왜 넝마주이 행색을 했을까?

글 김기혜

"할머니, 이 사람이 누구세요?"

"으응, 할머니야."

얼마 전에 창고에 넣어둔 짐을 정리하다가 오래된 사진첩을 발견했습니다. 작은 흑백사진을 유심히 보고 있던 나에게 손녀가 맨 앞에 선 사람을 가리키며 이렇게 물었던 것입니다.

그 사진은 1962년, 고2 때 교내 가장행렬을 하는데 맨 앞에 선 내가 넝마주이로 변장한 것입니다. 얼굴에는 검정 숯을, 등에는 바구니를, 무릎에는 구멍 난 헝겊을 붙이고 손에는 연탄집게를 쥐고 폐품을 줍는 넝마주이로 제법 연기를 잘하고 있었습니다. 다른 친구들은 왕비나 미스코리아, 검은 법복을 입은 판사, 유명한 오페라 가수, 안경 쓴 교수, 청진기를 낀 의사 등으로 분장했는데, 나는 왜 하필 넝마주이로 연출을 했을까요?

50여 년이 흐른 지금, 나는 그 '넝마주이(여성 노숙인)'들과 함께 그들의 애환을 들으며 살아가고 있으니 참으로 신기하게 느껴집니다.

고아 친구 사귀며 자란 유년시절

초등학교 때 아버지가 성당 고아원 일을 하셨기 때문에 나는 고아 친구들이 많았습니다. 6·25 직후여서 내 고향 거제도 산에는 움막을 치고 사는 이북 피난민이 많았고, 부모를 잃은 고아들을 교회나 성당에서 보호할 수밖에 없었습니다. 사실 그때는 고아 친구들이 부모를 잃고 얼마나 슬퍼하는지를 모르고, 몇십 명이 함께 모여 사는 것이 부럽고 재미있게만 보였습니다.

그런데 중학교로 진급할 때 이 친구들은 뿔뿔이 흩어져 공장에 가거나 남의집 가정부살이를 하러 갔습니다. 모두들 부모가 있는 나를 부러워했으나, 나는 한참 어른이 된 이후에 이들의 아픔과 슬픔을 알게 되었습니다. 그때 좀 더 따뜻한 말과 물질을 나눠주지 못한 것이 후회가 되었습니다.

그중에서 나와 가장 친한 영희라는 친구는 얼굴도 예쁘고 노래도 잘하고 유일하게 공부를 잘해서 장학금을 받고 고등학교에 갔었는데, 열렬한 연애를 하다가 상대방 부모가 고아라고 반대하여, 후에 부산 영도다리에서 투신하였습니다. 38선을 넘어 죽을 고비를 수차례 겪었건만, 한창 나이에는 사랑의 슬픔이 그 어느 고통보다 더 큰 것 같았습니다.

그 후 고아 친구들의 안타까운 소식들을 간간이 들으면서도, 나는 내 앞길을 개척하기 위해 부단히 공부를 열심히 하면서 대학교 1학년 때는 넝마주이들을 위해 종로2가, 지금의 YMCA 뒤편에서 야학 선생을 일년 정도 하였습니다. 그때는 초등학교에도 다니지 못한 사십, 오십 된 넝마(노숙인)들이 많았습니다. 그때 제 나이가 열아홉 살이었는데, 그들이 나를 보고 비웃지 않았는지 궁금하기도 합니다. 여름날 창문도 없는 천막교실에 50명가량 된 그들이 목욕을 제대로 하지 못해 퀴퀴한 냄새가 코를 찔렀던 기억이 납니다.

나 살기 급급했던 마음에 텅 빈 공허함만 쌓이던 오십

그러나 이 야학 선생도 잠깐이었고, 대학 졸업이 가까워오자 당장 취업과 결혼 등을 하면서 나 자신을 위해 어떻게 하면 행복하고 성공된 삶을 살 수 있을까, 부모님의 기대에 어긋나지 않을까 하고 나의 존재감을 더 명확히 높이고 싶었습니다. 직장에 좋은 옷을 입고 다니고 싶었고, 신혼 초에 쓰레기 매립지였던 난지도 근처에서 10여 년 살았는데 비가 올 때마다 물바다가 되던 그곳을 탈출하고 싶었고, 아이들도 좋은 학교에 보내고 싶었고, 자동차도 사고 싶었습니다. 욕심은 끝이 없었고, 좀 뒤로 물러서서 나 자신을 성찰하거나 가난한 이웃에 대해서는 30여 년간 거의 무관심했으며 나 살기에 급급했습니다.

그런데 다니던 직장을 그만두고 나이가 어느덧 오십을 넘게 되자,

어느 날 '나, 이렇게 살아도 되는 걸까?', '나의 이상은 과연 무엇이었을까?', '가장행렬에서 왜 나는 넝마주이를 했을까?'라는 생각이 끊이지 않았습니다. 외적인 삶은 다소 안정되고 성취된 것 같은데, 내적인 삶은 어쩐지 공허하기만 했습니다. 외적인 삶과 내적인 삶이 조화롭고, 현실과 이상이 근접해야 행복하다고 하는데, 그렇다면 '나는 행복하지 않은 삶을 살고 있는 것이 아닐까' 하는 생각이 들었습니다.

한 번뿐인 인생은 어차피 선택이고 도전이라는 생각에, 늦었지만 하고 싶었던 일을 하기 위해 이 생각 저 생각을 하며 나머지 후반부 인생을 설계하기로 했습니다. 좀 막연했지만, 준비하는 사람에게 기회가 주어진다는 말이 있듯이 상담심리학, 의사소통법, 정신치료 등에 관한 책을 혼자서 보다가 이왕이면 대학원에 가서 적극적으로 공부해보자는 생각을 했습니다. 나이가 들어도 누구에게 의지하지 않는 독립된 삶을 살면서 의미 있는 일을 해야겠다는 생각으로 용기를 내어 쉰네 살 때 본격적으로 사회복지 전공을 선택해서 공부를 시작했습니다.

같은 반에는 나의 아들딸보다 더 어린 학생들이 많았습니다. 첫 학기 때는 나이가 많아서인지 장학금을 받았습니다. 나머지 학기에는 등록금이 부담이 되었습니다. 그러나 그 어떤 것도 투자하지 않고 좋은 결과를 얻을 수 없다는 생각에, 힘들지만 졸업을 하고 사회복지사 1급 자격증도 땄습니다.

포주로 오인당하며 구출한 여성 노숙인들

1998년 늦가을, IMF가 터진 후쯤 길거리에, 서울역에 노숙인들이 많아져서 정부에선 노숙인들을 위한 긴급 보호시설을 만들기 시작했습니다. 11월 어느 날, 가깝게 지내던 한 친구로부터 갑자기 여성 노숙인들을 위해 일하게 됐으니 와서 좀 도와달라는 전화를 받았습니다. 대학원 졸업은 했으나 그해 6월에 갑상선암 수술을 받고 성대를 좀 잘라냈기 때문에 말을 겨우 하던 때였습니다. 그래도 무슨 일이든 해야 할 것 같아서, 월급이 없어도 좋으니 무조건 나가겠다고 했습니다.

아, 그런데 현장을 본 나는 놀라지 않을 수 없었습니다. 세상에 이런 사람들이 우리나라에, 이 시대에 함께 살고 있었는데, 나만 잘 먹고 잘 살기 위해 안간힘을 썼다니 부끄럽기만 했습니다.

처음에 여성 노숙인들은 눈에 잘 보이지 않아 직접 서울역과 영등포역으로 밤에 나가서 상담을 한 후, 시설로 데리고 왔습니다. 영하의 추운 날씨임에도 용산역에 줄을 서서 함께 밥을 얻어먹어가며, 남자 노숙인들 사이에 서 있는 여성들을 발견하고 "갈 데가 없으면 같이 가자"고 권유해서 데리고 오곤 했습니다. 그런데 한번은 서울역에서 한 아주머니를 시설로 권유했다가 "당신 포주 아냐?" 하면서 뺨을 맞았고, 계단으로 밀치는 바람에 계단 아래로 떨어졌으나 다행히 크게 다치지는 않았습니다.

여성 노숙인들은 눈에 잘 띄지 않지만, 간혹 남자 복장을 하고 모자를 쓰고 있습니다. 역 앞에서 박스를 깔고 자거나, 전화부스, 과일가게,

찜질방, PC방 등 눈치를 보며 하루하루 잔다고 했습니다. 역 앞에서 자는 여성들은 대부분 성폭행을 당한다고 했습니다.

6개월 보호 아니라 자립 도와주는 '수선화의 집'

처음 나갔던 친구의 정부 위탁 시설에서는 그 당시 정부 방침대로 따라야 했는데, 6개월이 지나면 무조건 퇴소시켜야 했습니다. 갈 데가 없고 아파도, 가족이 찾지 않아도, 직업이 없어도, 6개월 후에는 나가야 했습니다. 스스로 독립해서 살아가라고 하지만 이들 중에서 독립할 수 있는 사람은 1퍼센트도 되지 않았습니다. 퇴소당하는 생활자들이 다시 노숙으로 빠지기 때문에 나는 그때 큰 결심을 하게 되었습니다.

살던 아파트를 담보로 9000만 원을 대출받아 전셋집을 얻고, 오갈 데가 없는 여성 노숙인들을 보호하는 '수선화의 집'을 만들었습니다. 수선화의 집 가족들은 소설보다 영화보다 더 처절한 삶을 살아온 여성들이 대부분이었습니다.

어릴 때부터 고아로 자랐거나, 가족이 있어도 버림받았거나, 어쩌다가 결혼은 했지만 가족들의 심한 폭행으로 도망쳐 나온 여성들입니다. 간질을 한다고 친부모의 구박을 받고 가출한 여성, 배가 고파서 물건을 훔쳤다가 교도소를 내 집 가듯이 다닌 여성, 8형제가 있어도 바보라고 내쫓긴 여성, 계모가 싫어 가출했다가 10여 년 원치 않던 매춘을 한 여성, 남편의 학대를 술로 풀다가 알코올 중독이 된 여성, 이들은 정신질환

뿐 아니라 거의 다른 질병을 갖고 있었습니다.

　지금까지 수선화의 집에서 제가 직접 만나본 여성들은 500여 명이 넘는데, 지금 그들이 어디에서 어떻게 살아가는지, 다시 찾아가 더 보살펴줄 여력이 없으니 참으로 안타깝습니다.

　일단 수선화의 집 식구가 되면, 과거보다 좀 나은 질 좋은 삶을 위해 여러 가지 프로그램을 실행하고 있습니다. 많이 아픈 사람을 제외하곤 거의 프로그램에 참가합니다. 하루에 2~3시간 양말을 포장하는 부업으로 2000~3000원씩 벌이를 해서 용돈 겸 저축을 하고 있습니다. 노동은 또 다른 의미를 가지기 때문에 시간당 얼마를 계산하면 좀 억울하지만, 이런 일이라도 할 수 있어서 다행이라고 여깁니다. 아무리 능력이 없어도, 하루 종일 일없이 텔레비전만 보며 무위도식하는 것은 자신에 대한 자존감도 없어지고 지루하면 더 우울증에 빠지기 쉽기 때문입니다. 웃음치료, 미술치료도 합니다. 봄가을 소풍도 가고, 여름에는 바다에, 겨울에는 찜질방에 가서 몸을 녹인 후 외식도 합니다. 제주도에도 두 번이나 갔다 왔습니다.

남을 돕는 일은 정년퇴직 걱정 없는 일

수선화의 집에서 일을 한 지가 어언 15년이 되었습니다. 정부지원금 중에는 인건비가 없으므로, 정년퇴직도 없습니다.

얼마 전에 동창회에 갔더니, 한 친구가 "너, 아직도 그런 사람들과 살고 있니?" 하고 물었습니다. '너 나이가 몇 살인데, 아직도 그런 이상한 사람들과 살고 있다니 한심스럽다'는 뜻 같았습니다.

나는 노숙인들을 만나면서 이 세상을 다시 보게 되었고, 삶의 나침반을 다시 고치게 되었습니다. 인생이 풍요롭다는 것은 얼마나 이 세상에서 다양한 사람들을 만나고, 다양한 사상과 자연을 만났는가에 달려 있다고 생각합니다.

내 집이 따뜻하고 냉장고에 먹을 것이 가득하고, 입고 싶은 옷을 사 입을 수 있고, 가끔은 여행을 갈 수 있고, 학교를 다닐 수 있었고, 나를 사랑하는 가족이 있다는 것은 큰 행운입니다.

지금도 은퇴할 나이가 훨씬 지났지만, 앞으로 더 늙어가더라도 건강이 허락한다면, 나의 몫을 뛰어넘어 불행한 사람들의 몫까지 하루라도 더 일할 수 있었으면 좋겠습니다. 나보다 못한 사람들에게 바치는 수고는 결코 헛되지 않습니다. 그 수고 속에서 나의 불만은 사라지고, 나의 기쁨은 두 배 세 배 커지며, 나를 행복하게 더 잘 살 수 있도록 해주기 때문입니다. ♭

내 청춘은
아팠지만
빛났다
방귀희

장애를 빛낸
희망의 솟대
〈솟대문학〉 발행인 방귀희

두 다리와 왼손을 쓰지 못하는 신체적 조건을 뛰어넘어 언제나 도전하는 삶을 사는 사람, 방귀희. 그를 설명하는 말에는 '최초'라는 수식어가 많이 붙는다. 휠체어 탄 사람으로서는 처음으로 대학에 입학했다. 한의대에 가고 싶었지만 '장애인'이라는 이유로 입학을 거부당하고, 동국대 불교학과에 들어갔다. 대학에 장애인 화장실도, 편의시설도 갖추어져 있지 않아서 온갖 고생을 하면서도 최선을 다해 공부했다.

1981년에 동국대학교를 수석으로 졸업했고, 수석 졸업한 덕에 신문에 실렸다. 방송도 나가게 되었고, 그러다 방송작가로 일하게 되었다. KBS라디오 〈내일은 푸른 하늘〉의 작가로서 국내 최초의 장애인 프로그램의 역사를 만들어갔다. 31년간 방송 일을 하면서 1만 명이나 되는 사람을 만난 것이 큰 기쁨이었다. 2006년에는 방송작가 협회에서 주는 한국방송작가대상을 수상했다. 1996년 장애인의 날에 국민훈장 석류 장을 받았고, 2007년에 한국YWCA 여성지도자상을 수상했다.

중증 장애인을 박사 과정에 받아들이길 꺼리는 분위기에서 열 번이나 거부당했지만, 2010년에 숭실대 사회복지학과 박사 과정에 입학해 2013년 8월에 박사 학위를 받았다. 박사 논문 쓰기가 어렵지 않았는데, 뜻밖에도 졸업식에서 난관에 부딪쳤다. 박사 학위 수여자는 한 명 한 명 단상에 올라가서 졸업장을 받는데, 계단이 가팔라서

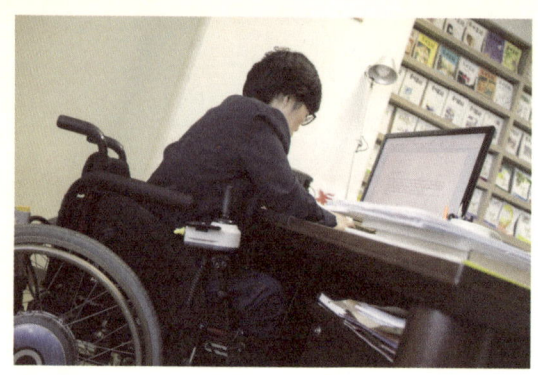

램프를 놓을 수가 없었다. 어떻게 해야 될지 몰라서 갈팡질팡하는 사람들에게 "내가 무대 뒤편에서 대기하다가 나가면 되지 않겠느냐"고 제안했다. 그렇게 해서 숭실대에서 최초로 휠체어를 타고 졸업장을 받는 사람이 되었다. 사고로 목을 다쳐 휠체어에 의지하게 된 한 장애인이 그 장면을 보고 '나도 박사 과정을 해야겠다'는 생각이 들었다며 감사를 표해왔다. 앞서 하는 사람 모습을 보고 뒤에 있는 사람들이 '아, 저렇게 하면 되는구나' 하고 용기를 얻을 수 있으므로 그런 역할들이 있다면 힘들어도 해야 되겠다고 그는 다짐한다.

2012년에는 대통령 직속 문화특별보좌관으로 발탁되었다. 사람들은 정권 말기에 고작 일 년 머물 자리에 뭐 하러 가느냐고 말렸다. 그러나 자신이 그 자리에 가지 않으면 장애인에게 주어진 고위직 하나가 없어지는 것이란 생각에 방송 일도 접고 갔다. 청와대에도 장애인 편의시설이 갖춰져 있지 않았지만, 하나하나 방법을 찾아낼 수 있었다. 자신이 불편을 감수하거나 조금 손해를 볼 생각을 하면 비장애인과 함께 살 방법을 찾을 수 있다.

"아, 그런 방법이 있었군요. 우리 특보님은 명쾌하게 말씀해주셔서 정말 좋아요."

난감해하던 사람들도 이렇게 말하며 점차 바뀌어갔다.

방송국에 다닐 때도 처음에는 장애인 화장실이 없어서 화장실을 못 갔다. 하지만 장애인 화장실을 만들어달라고 떼쓰거나 불만을 터뜨리지는 않았다. 자신이 그 속에 들어가 있으면, 계속 열심히 다니면 자연스럽게 사람들 의식도, 시설도 서서히 변해가는 것을 볼 수 있었다. 그래서 장애인이 비장애인들 속에 들어가 있는 것이 무엇보다 중요하다고 여긴다.

1991년에 장애인들의 문학 계간지 〈솟대문학〉을 창간해서 지금껏 한 번도 거르지 않고 해마다 네 권씩 발간해왔다. 지금 준비 중인 2013년 겨울호가 92호이므로, 적어도 100호까지는 낼 수 있을 것 같다. 늘 운영이 어려워서 폐간하지 않는 것을 목표로 삼고 있지만, 〈솟대문학〉을 통해 좋은 작가들이 배출되어 그는 큰 보람을 느낀다. 가끔씩 '장애인들의 문학은 수준이 떨어진다'는 편견을 만날 때마다 서운하지만, 〈솟대문학〉을 도와주고 지지해주는 문인들도 많다. 구상 시인은 돌아가시면서 2억 원을 〈솟대문학〉에 기부하기도 했다. 거기서 나온 이자가 매년 '구상솟대문학상'의 상금으로 쓰인다.

방귀희 씨는 소설, 동화, 에세이 등 23권의 책을 낸 작가이기도 한데, 역사 속에서 장애인의 삶을 찾아내 알리는 글을 계속 써나가는 것을 큰 목표로 정해두었다. 역사 속 장애인에 대한 어린이 책을 두 권 썼으며, 지금까지 찾아낸 조선시대 장애인들 64명에 대한 이야기도 하나하나 동화로 만들려고 한다.

그는 장애인문화예술단체총연합회 공동대표, 장애인올림픽위원회 위원 등으로 장애인 인권과 복지를 위해 활동한다. 2013년부터는 대통령 직속 문화융성위원회 위원으로 더 많은 사람들이 문화에서 얻는 만족을 향유할 수 있도록 '문화복지'를 위해 노력하고 있다.

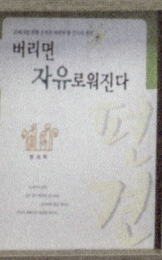

나의 청춘은
아팠지만
빛났다

글 방귀희

이 세상에 태어난다는 것은 큰 행운을 얻은 것이다. 사람으로 태어나기란 쉽지 않은 일이기 때문이다. 온갖 생명들을 관장하는 것이 사람이고 보면 사람인 것만으로도 출세를 한 것이다.

일단 태어나면 사람들은 축복을 해준다. 새 생명에 대한 신비함 때문이다. 엄마 뱃속에서 열 달 동안 사람이 되기 위해 나름대로 열심히 일을 했을 것이다. 태아도 부실하면 세상 밖으로 나오지 못하고 사라진다. 그러고보면 태아도 살기 위해 엄마 뱃속에서 얼마나 고생을 했을지 짐작이 간다.

벌거벗고 세상 밖으로 나온 순간부터 인생 마라톤이 시작된다. 사람들은 아무 죄 없는 신생아에게 아빠를 닮지 왜 엄마를 닮았냐는 둥, 고추를 달고 나오지 그랬냐는 둥 하며 자기 생각에 따라 핏덩이를 향해 비판을 쏟아낸다. 신생아도 알게 모르게 스트레스를 받을 것이다.

울면 운다고 야단을 맞고, 안 먹으면 안 먹는다고 꾸중을 듣는다.

212

어른들은 아기를 사랑한다고 하면서 자기네 방식대로 아기들이 따라와 주기를 바란다. 아기에게는 자기 의지대로 할 수 있는 자유가 없다.

부모를 잘 만나야지, 그렇지 않으면 태어난 지 얼마 안 돼서 애물단지가 된다. 애를 키워줄 사람을 찾지 못해 부모는 애를 끌고 닥치는 대로 이곳저곳, 이 사람 저 사람에게 맡기기도 한다. 맞벌이 부부가 많아지면서 어린 생명의 탄생이 가정의 부담이 되고 있다. 이렇게 신생아부터 부담스런 존재가 되니 아기들도 괴롭다.

정부는 저출산을 걱정하고 있지만, 지금 우리 사회 현실에서는 맞벌이 부부들이 아기를 낳을 수 없다. 아기를 키울 수가 없는데, 아기가

태어나면 직장을 그만둬야 하는데, 그러면 살 수가 없는데, 어떻게 아기를 가질 수 있으랴. 그래서 젊은 부부들은 아기를 포기하는 경우가 많다.

이런 사회현상 때문에 어린 영혼이 사람으로 태어날 확률이 점점 줄고 있는 것은 슬픈 일이다. 그리고 경계해야 할 일이다. 사람 사는 세상에 사람이 없으면 그 세상은 곧 폐업신고를 할 수밖에 없다는 사실이다. 나라가 튼튼하려면 우선 인구가 많아야 한다. 그렇기 때문에 정부는 저출산 문제를 시급히 해결해야 하는데, 그 해결 방법은 바로 안심하고 아기를 맡길 수 있는 육아정책을 마련하는 것이다.

앞으로 아기는 부모가 키우는 것이 아니라 육아전문기관에서 전문가 손에 의해 단체로 양육될 공산이 크다. 그런데 부모는 애만 낳고 양육은 전문가가 키우는 형식이 된다면 우리 아기들이 어떻게 성장할지 궁금하다. 아마도 사랑이 결여된 로봇 인간이 될 것이다. 그러면 우리 사회는 어떻게 될까? 아마 인간미가 없어질 것이다. 생각만 해도 끔찍하다. 온 세상이 로봇처럼 내장된 프로그램에 의해서만 움직여진다면 사는 재미가 없을 것이다. 태어나는 것이 점점 고통스러워진다. 하지만 분명한 사실은 사람은 태어날 것이고, 고달픈 하루하루를 살 것이다. 왜냐하면 그것이 인생이기 때문이다.

57년 전 내가 태어났을 때를 생각해봤다. 물론 건강한 아기였다. 분명 아기가 태어났다고 좋아했을 거다. 돌떡을 담궈놓고 돌잔치 준비를 하려고 한창 바쁠 때 체한 듯이 찾아온 소아마비가 아기의 탄생을 저주하는 듯이 사지를 흐물흐물하게 만들어놓았다. 아직 험한 세상을 헤치고 살아갈 준비를 하지 않은 상태에서 장애라는 고통 폭탄을 맞고 말았다. 어이없는 일이었지만 받아들여야 했고, 장애라는 바윗덩어리를 지고 57년을 살았다.

그래도 사람으로 태어난 것이 고맙다. 사람이 아니었으면 이 영화 같은 인생의 희로애락을 맛보지 못했을 테니 말이다. 만약 탄생 티켓을 얻지 못했다면 한낱 무생명으로 굴러다니는 돌멩이에 불과했을 것이다. 태어난 것이 고맙다. 그런데 더 이상 뭘 바라랴.

사춘기는 호강이다

지나놓고 나니까 그때가 사춘기였구나 싶을 때가 있다. 당시는 사춘기라는 것도 몰랐다. 그저 사람들이 사춘기라고 하니까 사춘기인가보다 하고 스스로 진단했을 뿐이다. 나의 사춘기는 고등학교 다닐 때였다.

업혀서 등교를 했다. 그 당시는 휠체어를 탈 수도 없었다. 등굣길 곳곳이 계단이었다. 그런 내 모습이 너무 창피해서 얼굴을 들 수가 없었다. 내 앞을 걸어가는 친구들 모습을 보면 너무나 단정하고 당당해 보여서 내가 더욱 초라해 보였다.

곤색 스커트 밖으로 나온 두 개의 다리가 어찌나 예뻐 보이던지, 한없이 쳐다보곤 했었다. 등 뒤에서 "귀희야" 하고 부르면 내 뒷모습을 보인 것이 너무나 치욕스러워서 못 들은 척하곤 했다. 나의 사춘기는 장애가 가장 부끄러웠던 시절이다. 당시 친구들은 학원에 가서 만난 남학생 얘기를 하며 고민에 빠져 있었다. 난 친구들 연애담이 마치 영화 같아서 시리즈로 이어서 듣곤 했다. 내가 너무 열심히 들으니까 자리에서 일어나 몸짓까지 재현을 하면서 정말 영화처럼 얘기를 해줬다.

그 얘기를 들으면서 나도 그런 연애를 해보고 싶다는 생각이 들지는 않았다. 나하고는 전혀 상관없는 일인 것 같아 그저 듣는 것에 만족했는지도 모른다. 난 지금도 남의 얘기를 잘 듣는데, 그때 생긴 버릇인 듯싶다.

사춘기의 방황도 사실은 호강이다. 방황을 할 수 있는 여건이 마련되니까, 또 방황을 해도 괜찮을 정도로 여유가 있으니까 고민하고 갈등하는 것이기 때문에 나는 사춘기를 고통의 시기라고 보지 않는다. 오히려 인생의 맛을 느끼기 시작하는 시기이다.

그전에는 인생이 뭔지 모른다. 그저 하루하루 주어진 숙제를 수행하는 것이지 자기 존재감에 대한 의문이 생기지 않는다. 그래서 지독히 슬프지도 엄청나게 기쁘지도 않다. 그저 본능적인 감정만 느낄 뿐이다. 그러다 사춘기에 그 해답을 찾으려고 머리를 쥐어짠다. 하지만 해답을 찾지 못한 채 감기가 낫듯이 사춘기 바이러스가 가라앉는다.

나는 사춘기를 너무 외롭게 보냈다. 멀리서 통학을 하기 힘들어서 학교 앞에 방 한 칸을 얻어 언니와 자취생활을 했다. 엄마가 아침에 밥을 갖고 오시는 것으로 하루가 시작되고, 다시 저녁을 지어갖고 오시면 저녁밥을 먹는 것으로 하루 일과가 끝났다. 정말 단순한 생활이었다. 집이 걸어서 가도 되는 지척에 있었건만, 난 학교 등하교 문제로 집을 떠나 있었다.

언니 둘이 나 때문에 교대로 자취방에서 잠을 자야 하는 세월을 보

냈다. 지금 생각하면 너무나 고통스런 시절이었다. 항상 집이 그리웠다. 온 가족이 다 모여 식사를 하고 싶었다. 하지만 주말이 돼서 집에 가면 공연히 심통을 부렸다. 엄마가 좋아하시는 화초 잎을 다 따놓기도 했고, 집에서 키우던 누렁이를 이유 없이 때리기도 했다. 얌전한 여자아이였던 나는 그런 행동들로 나의 반항심을 드러냈다.

그 당시 내가 원하는 것은 그리 많지 않았다. 엄마 손에서 벗어나 영화관에 가서 개봉 영화를 보고 싶고, 학교 앞 분식집에서 떡볶이에 만두를 시켜 먹고, 버스를 타보고 싶은 정도였다. 그때는 내 미래가 어떻게될지에 대한 고민은 없었다. 공부를 열심히 해서 성적만 좋으면 내 미래는 내가 선택할 수 있다고 믿고 있었다. 그래서 난 내가 선택할 수 있는다양한 세상을 상상하며, 종이인형에 그에 맞는 옷을 갈아입히며 멋진세상을 혼자서 펼쳐가면서 청소년기를 보냈다.

기쁨을 맞이할 준비

슬픔 앞에서 침착하기가 힘들다. 가슴이 두근거리고 온몸에 힘이 쫙빠지고 머릿속이 진공 상태가 된다. 슬픔은 사람을 허둥대게 만든다. 살다보면 크고 작은 슬픔들을 만나게 된다. 사람이 죽기도 하고 병들기도하고, 시험에 낙방하기도 하고, 직장에서 쫓겨나기도 한다. 이런 큰 슬픔이 아니더라도 사소한 작은 슬픔들이 끊임없이 우리를 공격하고 있다.

슬플 땐 그것이 전부라고 생각한다. 그래서 모든 것이 끝났다고 판

결 내린다. 하지만 지나놓고 나면 그 슬픔은 기쁨으로 가기 위한 다리 역할을 했다는 것을 알 수 있다. 나의 오늘이 있게 한 계기는 대학을 수석으로 졸업하면서 각종 매스컴에 소개됐던 것인데, 그렇게 매스컴에서 관심을 가진 이유는 1981년이 유엔이 선포한 '세계 장애인의 해'였기 때문이다.

내가 1981년에 졸업한 것은 일 년 휴학을 한 덕분이다. 제대로 졸업했다면 1980년인데, 만약 그해에 졸업했다면 언론의 주목을 받지 못했을 것이다. 당시는 정치적 상황이 어수선했을 뿐 아니라 세계 장애인의 해라는 이슈거리도 없었으니 말이다.

난 대학을 어렵게 들어가놓고도 일 년 만에 휴학을 해야 했다. 당시 가정형편이 극도로 나빠졌을 때여서 언니와 나, 둘을 대학에 보낼 형편이 아니었다. 그때 가족들은 졸업반인 언니가 계속 학교에 다니고 나는 일 년을 쉬는 것으로 결론을 내렸다. 말이 일 년 휴학이었지, 우리 형편상 다시 복학을 한다는 것이 불투명했다. 그래서 휴학계를 내는 날 얼마나 눈물을 쏟아냈는지 모른다.

그리고 휴학기간 동안 정말 단 한 번도 외출을 하지 못했다. 과외를 가르치며 용돈을 조금씩 벌며 일 년을 정말 고통스럽게 보냈다. 그런데 그런 슬픔이 삼 년 후에 대학 수석 졸업으로 이어졌고, 그 덕분에 방송국에서 일을 하게 됐다. 지금 생각하면 슬픔 속에서 큰 행운이 만들어지고 있었다는 말이 틀리지 않는다.

나는 지금도 경험하고 있다. 힘든 일을 겪을 때 행운도 같이 만들어지고 있음을 말이다. 그래서 이제는 슬픔이 두렵지 않다. 슬픔은 곧 기쁨의 전조 현상일 뿐이다. 그래서 기쁨을 맞을 준비를 해야 하는데, 우리는 슬픔에 허둥대느라고 그런 생각을 못한다. 물론 슬플 때는 몸도 마음도 많이 힘들다. 하지만 힘들다고 포기해서는 안 된다. 그런 때일수록 기쁨을 맞이할 준비가 필요하다.

우리는 곧잘 슬픔에 억눌려 옴짝달싹 못한다. 슬픔에 치여 기쁨을 생각할 여유가 없다. 이것이 우리가 갖고 있는 고통이다. 이 고통을 없애기 위해서는 슬플 때 기쁨을 준비해야 한다.

완성은 동그라미

우리는 뭔가를 빨리 완성시켜야 한다는 초조한 생각을 하고 있죠?
하지만 완성이란 서두른다고 이루어지는 것이 아닙니다.
완성은 성숙해가는 과정이지 성공을 뜻하는 것은 아닌데요.
사람들은 완성을 성공으로 생각하기 때문에 완성에 초조해합니다.
완성은 탑을 쌓는 것이 아니라 동그라미를 그리는 것이 아닐까 해요.

이것은 방송 오프닝 멘트인데, 내가 써놓고도 내가 감동한다. 완성은 높이 쌓는 탑이 아니라 동그라미를 그리는 것이다. 방송인 김제동 씨가 2006년 연예대상에서 상을 받고 수상 소감을 이렇게 말했다.

"초심을 잃지 않겠다. 그래야 돌아갈 자리가 있기 때문이다."

너무 멋있는 말이다. 사람들은 초심을 잃지 않겠다는 말은 많이 한다. 하지만 그 이유에 대해 설명하는 사람은 흔치 않다. 김제동 씨는 지금 누리고 있는 인기가 영원하지 않다는 것을 알고 있었다. 그래서 언젠가는 돌아가야 한다는 것도 알았고, 처음 시작한 자리로 돌아가기 위해서 초심을 잃지 않겠다고 한 것이다.

이 말의 의미에서도 '완성'은 동그라미라는 것을 알 수 있다. 사람은 항상 돌아갈 곳을 마련해야 한다. 인생은 마냥 앞으로만 나갈 수 없도록 되어 있다. 언젠가는 되돌아와야 하는데, 마치 다시는 보지 않을 것처럼 도망치듯이 달려간다. 이렇게 앞만 보고 달린 사람들은 돌아갈 때가 되면 갈 길을 찾지 못해 참담해진다.

나도 요즘은 되돌아갈 때가 된 것 같아 마음의 준비를 한다. 앞으로 더 가면 무슨 좋은 일이 있을 것만 같아 조금 더 조금 더 발을 내딛고 있지만, 그 좋은 일은 돌아가는 길에도 생길 수 있을 것이란 믿음이 생겼다.

인생의 동그라미를 완성시키는 것은 성공이 아니라 '성숙'이란 말도 새겨볼 필요가 있다. 성숙은 조바심을 낸다고 되는 일이 아니다. 그리고 우리가 성공을 재촉하는 것은 인생의 완성이 아니라 불안한 미완성으로 끝날 공산이 크다.

우리는 성공한답시고 벌여놓은 일들을 미완성인 상태로 방치하고 있다. 그리고는 공든 탑이 무너졌다느니 하며 실패를 안타까워한다. 하지만 탑은 무너지지 않았다. 왜냐하면 원래 탑이 없었기 때문이다.

인생은 동그라미여서 언제라도 그 자리에서 시작하면 완성할 수 있다. 그런데 완성이 동그라미라는 사실을 모르기 때문에 고통스럽다. 자꾸자꾸 높이 쌓아 올리려고 하고, 자꾸자꾸 빨리빨리 서두른다. 이것이 고통의 원인이다. 완성은 성숙이고, 완성은 동그라미라는 사실만 안다면 우리는 얼마든지 행복할 수 있다.

능력은 의지가 만든다

사람은 누구나 능력을 갖고 있다. 그래서 일을 시켜주면 잘할 수 있다. 하지만 손놓고 기다리는 사람에게는 일할 수 있는 기회가 주어지지 않는다. 간혹 방송국에서 일을 하고 싶다고 목을 메는 사람들이 있다. 그래서 무슨 일을 하고 싶으냐고 물으면 시켜주는 일이면 뭐든지 다 하겠다고 대답한다. 피디도 할 수 있고, 엠시(MC)도 할 수 있다고 당당하게 말한다. 하지만 피디가 하는 일과 엠시가 하는 일은 다르기 때문에 두 가지 일을 다 할 수 있다는 것은 설득력이 없다. 그런 대답을 하면 그 사람에게는 아무 일도 맡길 수 없다.

자기가 정말 잘할 수 있는 일 한 가지를 골라서 그 일에 대한 정보를 수집하고 어느 정도 공부를 한 다음 부탁을 해야 그 사람의 능력에 대해 신뢰가 생긴다. 가끔 자기에게 재능이 있다는 것만 열거하는 사람이 있다. 뭐도 잘할 수 있고, 뭣도 잘할 수 있다고 말한다. 하지만 그것을 하기 위해 어떤 노력을 했는지에 대해서는 아무런 말도 하지 못한다.

재능은 그냥 발휘되는 것이 아니라 갈고 닦는 노력이 있어야 한다. 그런데 그런 노력은 다름 아닌 의지에서 나오는 것이다. 사람들은 나에게 "능력이 있다"고 칭찬한다. 방송작가 30년, 박사 학위, 대통령문화특별보좌관…. 이런 경력들로 그렇게 평가하는 것이다. 경력은 그냥 생기는 것이 아니기에 능력이라고 할 수 있다. 그런데 그 능력은 타고난 것이 아니라 내가 만드는 것이다.

내 이력서에는 고등학교 수석 입학, 대학교 수석 졸업이란 조금은 근사한 수식어가 따라붙는다. 그렇게 될 수 있었던 것은 공부하고 싶은 의지 때문이었다. 내 어린 시절에는 건강한 아이들도 고등학교만 졸업하는 것이 보통이었고, 장애아동은 아예 학교에 보내지 않았다. 엄마도 한숨을 내쉬시며 "공부 못하면 학교 안 보낼 거야"라고 학업을 독려하셨는데, 그 당시는 그 말씀이 협박처럼 들렸다. 내가 학교에 계속 다닐 수 있는 방법은 '시험성적이 좋아서 칭찬을 받는 것'이었다. 학교에 업어다

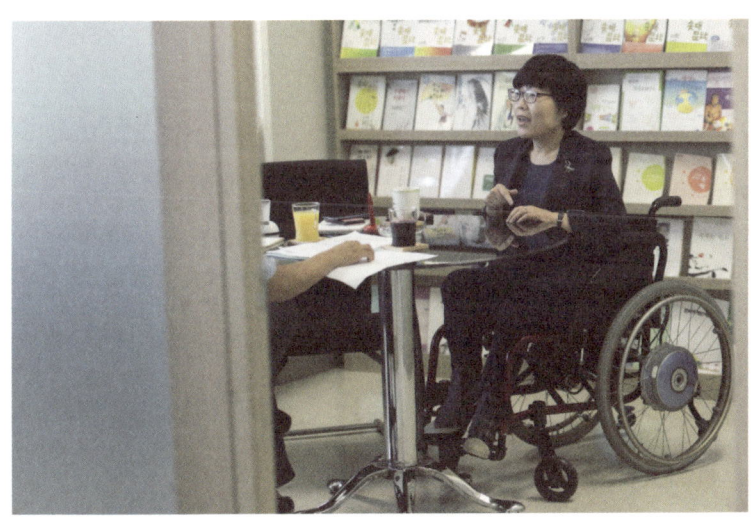

주지 않으면 학교에 갈 수 없는 처지라서 그렇게 공부에 대한 의지를 불태우며 학창시절을 보냈다.

　사람들은 내가 어떻게 방송작가로 KBS에서 30년 동안이나 일을 할 수 있었는지 궁금해한다. 사실 대학을 졸업할 즈음 고민이 너무너무 많았다. 아무리 학점이 좋아도 이력서 한 통 내지 못하고 있었다. 궁여지책으로 대학원에 진학했지만, 그 당시 나한테 가장 절실했던 것은 직업이었다.

　대학을 수석으로 졸업하게 된 덕분에 방송 출연을 몇 차례 하게 됐는데, 나는 방송에서 내 존재감을 드러내기 위해 열심히 준비했다. 똑같은 얘기를 반복해야 하는 인터뷰 요청에도 감사히 응했다. 그리고 방송에서 칼럼을 쓸 수 있겠느냐는 제안을 망설임 없이 받아들였다. 주저한다는 것은 기회를 반감시키는 행동이라고 생각했다. 일단 수용하고 열심히 노력하면 안 될 일이 없다고 믿고 있다.

　방송에서 작은 역할을 하게 된 나는 그곳에서 내가 할 수 있는 일이 무엇인지 찾아보았다. 바로 구성원고를 쓰는 방송작가였다. 그래서 즉시 공부를 시작했다. 방송을 마치고 나면 엠시들은 방송원고를 자리에 그대로 두고 가거나 스튜디오 안에 있는 휴지통에 버리는데, 나는 그것을 보고 주워왔다. 그 원고와 방송을 대조해가며 방송원고 쓰는 방법을 익혔고, '이렇게 쓰면 더 멋있겠다' 하며 다시 써서 책상서랍 속에 넣어두었다.

　그 원고들이 쌓여갈 무렵에 내가 대타로 원고를 쓸 기회가 생겼다. 대타 역할을 잘하자 대타 일이 반복되었고, 그러면서 어느덧 나는 방송작가란 직업을 갖게 되었다.

30년쯤 세월이 지나자 정말 우연히 정부에서, 그것도 청와대에서 일할 수 있는 기회가 찾아왔다. 사람들은 오른쪽 손 하나밖에 사용할 수 없는 중증 장애인인 내가 어떻게 대통령 문화특보로 임명되었는지 몹시 궁금해했다. 나도 내가 어떻게 발탁이 됐는지는 모른다. 하지만 그 이유는 안다.

첫째, 꾸준히 능력을 개발하며 열심히 일했기 때문이다. 둘째, 돈이나 명예보다는 선한 공익을 소중히 여겼기 때문이다. 셋째, 이익에 따라 사람을 배신하지 않고 한결같이 사람을 신뢰했기 때문이다. 이것이 나의 의지이다.

이런 의지 덕분에 난 장애라는 큰 단점이 있음에도 불구하고 공동체에서 함께 일할 수 있다고 인정받았다. 세상은 드러나지 않은 능력까지 봐줄 수 있을 만큼 친절하지 않다. 자신의 능력은 자신이 드러내 보여야 한다. 아직 하지 않아서 그렇지 '하면 잘한다'는 막연한 생각은 쓸데없는 객기이다. 세상은 인정된 사실만 받아들인다. 인정되지 않은 사실로 기회를 주지 않는다. 기회가 없다고 생각한다면, 세상이 자기한테 기회를 주지 않는다고 한탄할 것이 아니라 먼저 도전하지 않은 자기가 얼마나 무능한가를 깨달아야 한다.

나는 지금도 도전하고 있다. 실패할지라도 쉼 없이 도전하는 것이 나의 인생 목표이다. 왜냐하면 도전은 창조이기 때문이다. 창조적인 삶에는 아픔조차도 빛이 난다. ⓑ

왕년에 과격하던
여성주의자,
젊은 여성 리더들을 만나다

이현정

서울 올림픽이 열린 해에 대학에 들어갔다. 내가 여성문제 연구 동아리 부근에서
얼쩡거리고 있었을 때 총여학생회장을 비롯한 몇몇 선배들이 검찰청에 고발장을 제출했다.
몇몇 기업체가 남녀고용평등법을 위반했다고 서울지역 여대생대표자협의회의 이름으로
고발하는 것이었다. 고발 대상은 신입사원 모집 광고에 지원 자격을 '군필 대졸자'로 명시한
기업들이었다.

군필 대졸 남성만 뽑는다고 못 박지 않은 기업들도 남성만 뽑기는 매한가지였다.
국가고시나 언론사 시험 준비에 1, 2년 또는 그 이상 투자하는 것이 여자 선배들이 취업의
바늘구멍을 뚫는 유일한 길인 듯 보였다. 언론사에 취직한 여자 선배를 찾아가 비결을
물으니 '입사시험에서 1등을 하면 된다'고(1등이 아니면 안 된다고) 알려주었다.
여자라는 사실이 내 인생을 쥐고 흔드는 힘이 너무 크구나, 생각하고 대학원에 가서
여성학을 공부했다. 여성운동을 하고 싶었으나 두려움과 욕심이 많아서 엄두를 내지 못하고
일단 여성학 공부를 시작했다.

삼 년 반을 대학원에서 보내는 동안은 여성인 내가 어떻게 자유로워질 수 있는지 마침내 다
알았다며 잠시 기고만장했다. 석사 과정을 마친 뒤에 연구소, 출판사에서 일을 했다.
그러던 중에 문득 엉뚱한 생각이 들었다. 내가 가진 시간을 뚝 떼서 노동으로 채우고 그것을
돈으로 바꾼 다음 그 돈으로 과자를 사고 옷을 사는 것보다는 그 시간에 과자를 굽고 옷을
만들면서 사는 게 더 재미있지 않을까. 그러다 급기야 강원도 산골로 들어가 농사를 짓기에
이르렀다. 농사를 짓지 않는 시기에는 띄엄띄엄 출판과 관련된 여러 가지 일을 한다.

유난히 뜨거웠던 2013년 여름의 늦은 장마가 시작될 때부터 가을이 깊어질 때까지 여덟 명의 여성을 만났다. 한국YWCA가 '한국 여성지도자상' 수상자로 선정한 분들이니 모두 자기 분야에서 최고로 인정받을 뿐 아니라 본받을 만한 지도력과 헌신성을 가진 분들이었다. 이분들 또한 평범한 여자들과 다를 바 없이 여자로 사는 어려움, 고민을 가지고 있었고 그와 동시에 남다른 향기와 열정, 힘을 가지고 있었다. 그들에게서 귀담아 들을 이야기는 넘치도록 많았지만 여성이라는 자기 조건을 두고 세상과 어떤 관계를 맺는지가 나는 궁금했다.

예전에 나는 여성이 비집고 들어가기 어려운 직장에 가기를(가기 위해 시도하기를) 망설이면서 이런 상상을 한 적이 있다.

포도나무 아래를 지나던 여우가 포도를 먹고 싶었다. 폴짝폴짝 뛰어보아도 포도를 딸 수 없었다. 늑대들은 사다리를 서로 빌려주고 대를 이어 물려줘가며 쉽게 포도를 따는데, 왜 여우한테는 사다리를 주지 않는 거야. 억울하고 화가 났다. 그렇지만 잘 살펴보니 덜 익은 포도였다. 맛도 없는 신 포도였다. 비겁한 핑계라는 비난이 마음에 걸렸지만 여우는 포도나무를 미련 없이 떠났다.

물론 신맛 나는 포도를 좋아하는 이도 있을 것이다. 사다리 없이도 포도를 딸 수 있는 놀라운 점프력을 가진 이들도 드물게 있다. 운 좋게 사다리 꼭대기에 올라간 여우가 키 작은 자들을 위해 포도덩굴을 아래로 늘어뜨려주기를 기대해볼 수도 있다. 그렇지만 위에 달린 포도만 쳐다보는 것이 아니라 시선을 낮은 곳으로 돌려서 더 달콤하고 향기로운 열매를 발견하는 이도 있다. 내가 만난 여성들도 각자 좋아하는 것이 다르고 선택한 길이 다르고 쳐다보는 방향도 달랐다.

1995년에 정신대문제대책협의회에서 일하던 친구를 따라 4차 UN 세계여성대회에 갔다. 베이징에서 열린 그 행사에는 전국의 여성단체들에서 유례없이 많은 여성들이 참가했다. 그중 일부가 중간에 짬을 내어 백두산에 다녀오는 길에 나도 끼게 되었다. 백두산을 향해 가는 버스 안에는 "백두산으로 찾아가자"는 운동권 노래와 박정희 작사의 "백두산의 푸른 정기 이 땅을 수호하"는 노래가 아무 긴장감도 없이 사이좋게 차례로 불렸다. 신기하기도 하고 조금 의아했다.

여성이라는 범주로 사람들을 무리 지을 때 그들 사이의 차이가 언제나 두드러지게 마련이다. 이번에 인터뷰한 여성들도 여러 가지 면에서 서로 달랐다. 이 인터뷰가 아니었으면 만날 일이 없었을 여성들을 만난 것이 나에게는 큰 행운이었다. 귀 기울여서 들어야만 하는 입장이 되고 보니 잘 들을 수밖에 없었고, 잘 들어보니 다르게 들리고 제대로 이해할 수 있었다. 내가 평소에 얼마나 귀를 막고 살았나 새삼 깨닫기도 했다.

세계여성대회에서는 여성의 주류화를 포함하는 '성 주류화'를 위해 각국 정부에서 노력할 것을 권고했다. 여성의 주류화는 사회의 모든 영역에 여성이 동등하게 참여하고 의사결정권을 갖는 것을 말한다. 그렇게 함으로써 여성의 특성이라 일컬어지는 것들, 소통, 공감, 돌봄 같은 미덕이 사회를 더 살기 좋게 만들 것이라고 기대하는 사람들도 있다. 그런데 그것 못지않게 판을 새로 짜는 것, 새로운 게임 규칙을 만드는 것도 필요하다고 나는 생각한다. 전에는 이런 이야기를 하면서도 현실에서 그게 어떤 모습이 될지 상상할 수 없었는데, 이번에 젊은 여성 리더들을 만나면서 그런 이론이 현실에서 생생하게 나타나는 모습을 보는 것 같아 아주 흥미진진했다.

어떤 사람은 남성 중심의 질서에 들어가기 위해 '남성처럼' 열심히, '남성보다 더' 열심히 하는 전략을 구사하고, 어떤 사람은 남성들이 주도하는 게임에서 기권하고 물러나와 새로운 가치를 추구하기도 한다. 각자 자기 위치에서 자기 방식으로 열정을 불태우고 있었고 우리 사회를 더 아름답게 만드는 데 기여하고 있었다.

그 한 사람, 한 사람을 만나 이야기를 듣는 과정에서 배운 것이 많았다. 마음속으로 밑줄 쫙 치고 새겨둔 말들도 참 많았다. 그리고 틀에 박힌 내 생각이 깨어져가는 따끔하고도 시원한 순간도 있었다. 그분들이 아낌없이 나누어준 삶의 경험과 지혜를 온전히 전하지 못한 것 같아 아쉽고 죄송하다. 독자들의 찰떡같은 혜안을 기대한다.

플랫♭

ⓒ 한국YWCA

1판1쇄 펴낸 날 2013년 11월 11일

지은이 한국YWCA
인터뷰 이현정
사진 서영걸
펴낸이 송영민
디자인 BASS 김리영
교정교열 고영란

펴낸곳 시금치
등록 2002년 8월 5일 제300-2002-164호
주소 서울시 종로구 광화문우체국 사서함 93호
전화 02-725-9401 **전송** 02-725-9403
전자우편 7259401@naver.com
홈페이지 www.greenpub.co.kr

ISBN 978-89-92371-19-3 03330